金融新概念丛书

新概念银行建设手册

[英] 大卫·卡维尔◎编著　章飈◎译

廣東旅游出版社
GUANGDONG TRAVEL & TOURISM PRESS
悦读书·悦旅行·悦享人生
中国·广州

图书在版编目（CIP）数据

新概念银行建设手册 / （英）大卫·卡维尔编著；章飚译. —广州：广东旅游出版社，2016.12

ISBN 978-7-5570-0580-1

Ⅰ. ①新… Ⅱ. ①大… ②章… Ⅲ. ①商业银行—商业网点—建设—手册 Ⅳ. ①F830.33-62

中国版本图书馆CIP数据核字(2016)第234770号

出 版 人：刘志松
策划编辑：陈晓芬
责任编辑：陈晓芬
内文设计：冼志良
封面设计：回归线视觉传达
责任技编：刘振华

新概念银行建设手册
XINGAINIAN YINHANG JIANSHE SHOUCE

广东旅游出版社出版发行
（广州市越秀区环市东路338号银政大厦西楼12楼）
邮 编：510180
电 话：020-87348243
网 址：www.tourpress.cn
印 刷：深圳市希望印务有限公司
（深圳市坂田吉华路505号大丹工业园A栋2楼）
开 本：889mm×1194mm 16开
字 数：159千字
印 张：12
版 次：2016年12月第1版
印 次：2016年12月第1次印刷
定 价：40.00元

声 明

ATM 行业协会（ATMIA）秉承非营利的目的出版《新概念银行建设手册》一书，为未来的网点转型提供一条最佳路径。ATM 行业协会已采取合理的措施保证向行业提供的信息和建议均是客观的，但无法保证此出版物中所有信息的准确性、完整性、及时性或其他方面。ATM 行业协会无法保证出版物符合任何国家的法律、法规，亦无法保证此出版物中的信息符合任何国家或经济实体的特定原则、准则或指导规则。该实践手册无意创设任何一条商务活动的标准。本出版物中推荐的最佳实践经验仅作为实践建议，在内部规章制度框架内参照本实践建议进行相关独立风险评估的企业应为自己的行为负责。ATM 行业协会及协会内部人士、董事、协会成员、员工或代理人员均不对因阅读此手册而引起的任何活动或实践行为产生的任何损失、损坏或索赔负任何责任；ATM 行业协会明确否认上述所有责任，包括由此产生的直接损失、特殊损失、间接损失或非重要损失。此出版物中提供的信息按字面意义理解，并无任何明确或隐含的承诺，包括但不限于隐含的商业可行性、其他任何用途的承诺或侵权免除承诺。ATM 行业协会名称、标志、ATMIA 及相关商标均是 ATM 行业协会财产。

目 录

Contents

概 要

Executive Summary

研究表明，全球银行网点数量持续增长，不同年龄群体对银行网点的态度较之以前也更为支持。

然而，银行网点转型的实践是持续变化的，转型的方式也有所不同；基于这个原因，ATM 行业协会（以下简称 ATMIA）致力总结、出版一部关于新型网点建设的最佳实践指南。在《零售银行》杂志的协助下，这本指南将直接对中国大陆市场上如火如荼的“新概念网点”建设浪潮起到应有的指引和帮助作用。

本书分为六章，第一章为全书的引言和铺垫，概述了网点转型是银行可持续发展的必然选择。第二章为客户操作终端，分析各类客户操作终端在银行业的应用状况。

目前，自助服务涵盖了银行网点中所有由客户在所有设备上发起的交易，例如自动取款机、台式电脑、平板电脑及其他传统设备，包括客户自有设备（CODs）在内的自助设备，将越来越多地被用于预处理（pre-stage）阶段或交易执行阶段。

远程视频技术（customer-facing technology）将处理网点中所有类型的服务和销售型交易，这种处理方式将成为网点转型项目的起点。

信息技术的集成促使新一代设备进行革新，取代了传统桌面终端，同时涌现出许多新设备，例如智能互动桌。

为了给客户良好的服务体验，银行需要将各种设备的流程和体验进行整合和优化，给客户清晰的使用指引，一致的用户界面和合理的功能配置。

在第三章中，我们将讨论客户是怎样参与到网点技术革新的过程中来的。大体来说，能够成功引导客户使用自助服务的因素包括：

雇佣具有适当技能水平和积极性的员工；

开发具有足够交易处理容量的系统终端，以满足客户发起自助交易的需求；

创建适宜的网点物理环境，包括为残疾人设置无障碍设施。

随时接触客户并获取客户的相关信息，将为网点员工提供服务与销售的最好机会。

第四章主要分析银行网点的现在和未来，网点必须为其所在社区做出贡献。它必须拥有令目标客户群体愿意光顾的场所，还必须帮助客户和银行建立一种互利性关系。

在第四章的“4.2 创建客户和社区的最佳目的地”中，我们讨论了成功设立一家符合机构目标、细分市场群体需求、预期及价值的银行网点都需要哪些驱动力。“4.3 品牌及附加值”，则为网点提供品牌经营的实践指南，亦阐述了提升品牌附加价值的其他途径。

契合网点发展愿景的可行性计划，自助服务设备的配置推广，及员工如何满足在新的工作环境中提出的各项要求是第四章“4.4 其他成功关键因素”所讨论的内容。

很多银行网点（或网点的其他形态）都设立在专门的地点和环境中。“4.5 专门网点类型”讨论了网点的几种主要组织形式。

第四章最后一节“4.6 未来银行网点”提出了涉及未来银行网点应遵循的一般原则和实践模型，未来的银行网点将以客户和当地社区的支持为后盾，不间断全天候地提供服务。

银行及非银行金融机构提供的以数字渠道为依托的自助服务将成为影响未来银行网点在社会中发挥作用的主导因素。

第五章为新网点实施的路径图，讨论确保机构提出的新型网点理念付诸实践所需遵循的原则，以及必须采取的步骤。这一路径图涵盖以下战略任务：

量身打造包括研发功能在内的项目管理模型（project management model）；

研究目标群体的需求和期望；

研究并思考网点应具备何种特质，及如何诠释品牌价值；

前期调研并为设计团队准备项目摘要，确保设计团队理解网点最大的收益应来自面向客户的数字渠道的推广和应用。建设性地汲取设计团队的创造力；

识别并优先考虑关键技术项目；

确保最终设计具有操作可行性和财务可行性；

设计并建造向所有人开放的环保型网点；

在目标群体中测试新型零售理念是否可行，并准备修改或放弃不具备可行性的理念；

树立典型的员工形象、规范员工行为及掌握应有的技能；

持续执行新的员工行为规范。

在最后一章中，我们将对本书进行总结，并给出在中国建设新概念银行的具体建议和方法。根据我们的深入研究，及与众多从业人员、供应商进行的持续探讨，本书最终得出结论是：网点转型不再是网点发展过程中的一种选择，而是零售银行寻求持续发展的必经之路。

第一章

网点转型是银行持续发展的必经之路

网点转型不是网点发展过程中的一种选择，而是零售银行寻求持续发展的必经之路。

1.1 新概念银行建设的起源

成熟的交付渠道战略被普遍认为是零售银行成功的先决条件。然而，渠道选择的多样性、产品构思的丰富性和客户需求的多元化都使得设计并运行最佳的渠道体系变得越来越具有挑战性。例如，近年来，银行网点定位及存续时间长短成为其所面临的众多挑战之一。当设计精密的ATM机、其他自助服务设备及新型数字渠道不断涌现时，物理网点应具备何种功能性及其如何存续成为亟待解决的难题。更不必说，全球银行网点网络规模巨大，并且不断扩张。

RBR（零售银行研究）的监测结果表明，初级市场银行网点的总数近年来一直在稳步增加。截至2013年年末，网点总数接近100万个，美国联邦存款保险公司（FDIC）数据显示，美国主要市场银行网点的数量重新呈现增长趋势。此外，世界各地许多邮局已经迈出向零售金融服务进军的战略步伐，成为众多新型网点理念的驱动力。

纵观整个金融市场，许多银行和其他金融服务提供商正在将大量资源投入到转变网点形态，及利用最先进的技术使网点最大限度获取投资收益的项目中去。

研究结论及坊间证据表明，网点所在社区内的所有年龄层客户群体都重视网点服务的效用性。例如，标枪战略研究咨询公司（Javelin Research and Strategy）2013 年发布的研究结果显示，美国金融市场中属于 Y 一代（Generation Y）的年长客户群体使用银行网点服务的次数是 65 岁群体使用次数的 2.5 倍。

新加坡市场中，在网点内推广先进技术的银行的运营实践证实了上述研究结论。总之，未来银行网点发展的最有可能情形是，通过大量使用数字技术推进网点转型。与其说网点银行和数字渠道是相互排斥的，不如说二者是相互补充的。

1.2 为何实施网点转型

任何一个零售银行渠道均应在达成下列四个战略目标过程中发挥重要作用：

诠释和推广品牌；

维护和发展现有客户关系；

开拓新业务；

在合适的地点和时间满足客户的服务需求。

设计银行网点时，应考虑设置在能够以最高效率完成以上目标的地点。除此之外，人员和设施成本快速增长的压力促使银行亟待采用新技术。

尽管交易额持续下降，但银行网点仍须控制交易成本。这意味着网点需要减少或消除交易过程中的人员参与。从日常工作中解放出来的人力资源可以用来发展客户关系，发掘网点所在社区内部的新商机。这种不断变化的商业模式最适于小型网点的运作。

在某种程度上，已经开始转型或正在经历转型的银行网点呈现很多不同的特征。许多转型项目都始于银行处理交易方式的转变。在众多经历网点转型的银行当中，零售业务类型和网点规模都存在很大差异。然而，尽管很多银行都在实施转型项目，但是世界上大多数网点的转型仍然延续传统转型模式，即改变营业厅的格局，增加更多的自助设备。

在此背景之下，ATM 行业协会认为，本指南的作用在于为经营网点或有意创建网点的成员单位提供网点转型的最佳实践。本指南旨在为读者呈现网点转型的策略，同时提供具有操作性和实践性的转型建议。

案例 1　对于网点，银行到底是爱还是恨

近日，Bancography 发布了一项研究，旨在验证历来将扩大网点便利性作为优先选择的银行，是否会通过关闭与客户之间距离最远的网点来反映目前的转型趋势。假定这项验证成立，就会带来一些新的疑问——日益增多的电子渠道及其优化性能是否会使客户不再愿意去网点办理业务。一旦他们去得少了，能忍受的网点距离或许能更远。

这项研究的对象是 13 家超过 1000 个网点的美国银行。研究并比对其 2010 年和 2013 年在美国最大的 30 个城市覆盖率的变化，而这 30 个城市涵盖了美国 45% 的居民。这项研究目的在于得到以下这个统计：自 2010 到 2013 年间，大城市的银行网点在 1 ～ 3 英里范围内对家庭的覆盖率是否有变化。

如果银行打算从精简分支网点中获取竞争力，并假定客户能忍受距离更远的网点，那么我们可以尽情削减网点。例如，2010年，29%的克利夫兰 MSA家庭居住在离Fifth Third银行网点1英里（约1609米，下文不再一一标明）的地方，67%居住在网点2英里内，85%居住在网点3英里内的地区。今天的比例又是怎样呢？

如果对客户来说，网点的便利性已经不那么重要了，那就应该回溯到

客户在网点固定涵盖范围内的比例更小的时候。根据我们的研究，Fifth Third 银行在克利夫兰显然不是这么计划安排网点的：2013 年 32% 的客户与 Fifth Third 银行距离为一公里（相较于 2010 年的 29%）；69% 的客户在网点的两公里内（相较于 2010 年的 67%）；共有 85% 的客户在 3 公里内。在削减网点的声势中，Fifth Third 银行实际上提高了在克利夫兰的覆盖率。

从统计分析数据来看，有 180 家银行网点的安排与城市是相关联的。例如，Fifth Third 银行保留了 30 个中的 11 个城市的支行。

如表 1-1 所示，过去三年间 Fifth Third 银行在克利夫兰提高了网点的覆盖率，同时这张表也显示了亚特兰大、匹兹堡、圣路易斯和坦帕市网点的增加，抵消其在西西里提本土市场覆盖率的减少。

表 1-1　Fifth Third 银行网点距离与客户覆盖率关系

	2010 年			2013 年			变动		
	1 英里	2 英里	3 英里	1 英里	2 英里	3 英里	1 英里	2 英里	3 英里
亚特兰大	3%	11%	20%	6%	18%	31%	2%	7%	11%
夏洛特	10%	31%	48%	11%	32%	48%	0%	1%	0%
芝加哥	28%	63%	84%	28%	63%	84%	0%	0%	0%
西西里提	43%	76%	84%	41%	75%	84%	-2%	-1%	0%
克利夫兰	29%	67%	85%	32%	69%	85%	3%	1%	0%
底特律	17%	49%	75%	17%	49%	74%	0%	0%	-1%
迈阿密	2%	7%	13%	2%	8%	14%	0%	1%	1%
奥兰多	16%	43%	69%	16%	44%	69%	0%	1%	0%
匹兹堡	7%	17%	28%	9%	19%	30%	2%	3%	2%
圣路易斯	5%	17%	30%	8%	22%	39%	2%	6%	9%
坦帕市	14%	39%	61%	15%	43%	65%	2%	3%	3%

注：以上的比率均是四舍五入后最接近的值，所以可能有些“变动”栏的数据不符合 2010 年与 2013 年间的差异值。

这些数据也能在真实市场上反映出来。例如，13 家大银行中有 9 家入驻了亚特兰大。过去的三年内，Chase 银行和 Fifth Third 银行增加了市场的覆盖率，而 Bank of America 和 PNC 银行减少了网点覆盖率，其他银行保持稳定无变化。

表 1-2　亚特兰大各银行网点密度比率与间隔距离

	2010 年			2013 年			变动		
	1 英里	2 英里	3 英里	1 英里	2 英里	3 英里	1 英里	2 英里	3 英里
Bank of America	22%	56%	72%	21%	54%	71%	-1%	-2%	0%
BB&T	12%	35%	57%	12%	34%	56%	0%	0%	-1%
Chase	10%	33%	53%	13%	40%	61%	3%	7%	8%
Fifth Third	3%	11%	20%	6%	18%	31%	2%	7%	11%
PNC	10%	29%	49%	9%	28%	49%	-1%	-1%	-1%
Regions	9%	27%	48%	9%	27%	48%	0%	0%	0%
SunTrust	23%	57%	74%	22%	57%	74%	0%	0%	0%
US Bank	1%	2%	3%	1%	2%	3%	0%	0%	0%
Wells Fargo	25%	60%	76%	25%	61%	77%	0%	1%	1%

注：以上的比率均是四舍五入后最接近的值，所以可能有些“变动”栏的数据不符合 2010 年与 2013 年间的差异值。

最终，通过研究 30 个城市中的 180 个对象，其中 53 个增加了 1 公里内的网点覆盖率，56 个减少了覆盖率（2010～2013 年内 71 个显示无变化）。总的来说，增加的网点超过了减少的网点，2 公里内增加了 67 家网点，减少了 48 个，3 公里内增加了 54 家，减少了 39 家。

Bank of America 几乎在所有的市场都减少了 1 英里内的网点覆盖率，同时大通和美国银行仍在持续增长。

即使 Bank of America 看上去有战略性的缩减，但仍然是每公里范围内银行覆盖率第二的银行，其市场内 39% 的客户都在分支网点 1 英里内（除了 Chase 银行的覆盖率为 40%，其他银行没有超过 33%）。PNC 银行 15 个市场中的 11 个市场体现了变化，直接从覆盖率的增加变为减少，反映出 RBC 更注重分支网点资金的获取及资源再分配，而不是整个市场的战略整合。

从市场的层面来看，费城和底特律的数据显示三个银行机构都削减了分支机构，1英里范围内银行网点覆盖率都有所减少。奥兰多经历了九家大银行中五所机构的缩减和一家机构网点的增加。相比之下，在巴尔的摩，丹佛、波特兰、西雅图、圣弗朗西斯科和华盛顿都有三家银行机构增设网点、只有一家削减。在迈阿密则展示了战略的不协调，四家银行增加了网点的覆盖率，同时有三家减少。

最重要的是，所有银行及其市场的变化都是渐进的而并非革命性的。正如上文两个表格所总结的，银行并没有通过严重缩减网点来表明有扩大网点间距离的打算。至少暂时来说，没有一家银行明确表态以未来客户接受远距离前往网点为前提来进行银行网点运营（也可能因为暂时他们并不急于这样做）。

那么我们又怎么解释过去三年间陆续有网点关闭的情况呢？那三年里，13家研究对象银行中的6家（Bank of America、PNC、RBS Citizens、Regions、SunTrust、Wells Fargo）关闭了50多个网点。其中一个最主要的原因是这三年美国几乎每一家大银行都将收购作为扩展战略计划的重要部分。这些市场上的并购行为产生了大量的重复业务网点，收购方会发现收购的分支网点业务与同一个街口或几条街外的自身银行也有相同的业务。

并购中出现的问题如客户中断，柜员和银行柜面的执行能力和真实资产情况的考虑（房屋账面售价的减低或是仍有一段合同租赁期）都可能妨碍分支网点的关闭。过去十年内银行不断攀升的逐利性，将减少非利息费用激励政策。

但是，当金融危机带来大幅度的费用控制时，这些业务重叠的分支行反而提供了一种简洁的方式来减少非利息费用，用电子渠道来代替网点内业务交易需求更是如此。最近几年内大银行趋向于明智地减少大的物理网点来解决分支网点过剩，而不是腾出很大一部分的市场。

随着电子渠道日新月异的进步，临街建设网点的做法将越来越不流行。但就现在而言，业内主要银行仍然将物理网点设在最大限度接近目前客户和潜在客户的地方。

Bandography 的研究表明银行及其客户间的联系并没有因为网点的关闭而有大的改变。相反，分支网点仍然保持着很高的访问量，几乎每个排名前 30 的网点其超过三分之二客户都住在离主要网点 2 英里内。事实上，最近关闭的分支机构几乎完全位于银行分支机构重叠的区域，但没有任何证据表明银行打算扩大网点与客户之间的距离。

随着电子渠道的不断优化，地区分行也将越来越少。但就现在而言，证据显示银行仍然注重网点与现有客户和潜在客户在距离上的贴近。当前这些机构网点幸存下来是通过无数轮的成本削减计划，但客户仍然会倾向于选择最近的网点来处理自己的存款。

1.3 网点运用成功的重要因素

许多管理实践、管理技术、管理方法对网点成功运作具有重要作用，本指南列出以下三个重要的成功因素。

最佳零售模型：网点必须符合其设立目的，并控制成本，使经营者能够获得投资回报。

员工能力：网点工作人员的能力缺陷将对客户体验产生负面影响，包括影响销售业绩和客户忠诚度。反过来，这种缺陷也导致网点无法达到最佳运营状态。

网点位置：网点设置在不利位置（不论怎样定义）将不可避免地导致

银行无法获得最佳投资回报。通常，其他方面具有相对优势也无法弥补网点位置劣势。网点设计之初就应确定网点位置，但通常不与网点转型的主题直接相关。

在制订任何战略性计划中最应优先考虑的其他三个重要因素如下。

自助服务（广义上）：目前，零售银行可以借助包括最新一代数字渠道在内的银行自助服务功能，处理网点所有的日常业务和营销任务。有计划地利用自助服务对网点运营的作用是网点转型战略的核心，也是转型项目的基础。由于包括平板电脑和手机在内的客户自有设备（CODs）在客户办理业务过程中将与银行系统进行交互处理，则有必要将客户自有设备考虑在内。

网点内的品牌推广：银行品牌承载的内在价值观为网点追求品牌差异化和品牌忠诚度提供重要途径，尽管银行业的竞争日益激烈，但该行业内商品化程度越来越高。通过网点网络传递上述品牌价值观是目前一个关键的战略点，这种具有实际意义的做法将发挥重要作用。

零售网络资产管理：建立和维护零售网点网络的要求是，银行的巨额投资能够得到回报。银行必须采取系统的、客观的、一致的观点审视现有资产性能，及向新型网络投入资金或撤出资金可能产生的后果。这里提及资产管理学科仅为文章完整性需要，该学科与网点转型无直接联系，亦不会在本指南中深入讨论。

1.4 新技术是网点转型的助推器

过去 20 年内，许多新型网点理念被成功地付诸实践，然而没有大范围使用新技术。有一种观点认为，新技术只是网点转型的助推器。这一观点被业界的实践证实，这些银行仅仅依靠合理的网点设计、网点设备和转变员工角色便成功完成网点转型。然而，ATM行业协会认为这种情况正在发生变化，新技术的使用已经成为网点转型成功的关键。本指南着重强调：新技术的出现不仅是银行分流渠道压力的主要帮手，还在网点转型领域产生了重要影响。

ATM行业协会认为，网点转型或者“新概念网点”这一术语的最佳解释是一个旨在直接推进网点全面发展的项目，银行希望通过相关项目解决前文提出的银行发展所面临的重要问题。本指南也将探讨转型项目中需要考虑的其他问题，目的是为全球零售银行从业者提供最广泛的指导。

1.5“银行”一词在本书中的用法

本书中多次使用“银行”一词是出于编辑便利的考虑，许多其他类型的组织也通过网点网络提供零售银行服务。事实上，信用联社、邮储机构也适用于本书。

第二章

客户操作终端

数码设备展现出来的巨大功能性将改变客户的思维模式，也将改变网点的运作模式，应以产生积极效果为目的对上述设备进行管理。

2.1 银行如何使用新设备实现数字化

本指南中这里提到的自助服务包括客户在网点内通过使用各种设备自行办理的业务。

例如，自动取款机、其他传统设备、台式电脑和平板电脑（pads and tablets）。

目前，开始投入使用的面向客户技术（customer-facing technology）可以处理所有网点提供的服务和交易，任何转型项目都需以推广这种技术为起点；

未来，网点提供的自助服务将成为客户办理业务的第一选择；

自助服务在优化网点设施和向社区提供支持方面将发挥越来越重要的作用；

自助服务将充分利用客户自有设备，用于交易预处理（pre-stage）和交易执行。

零售银行运营和执行交付渠道战略的负责人应提高自助服务意识，掌握自助服务知识。本章重点介绍自助设备、终端的种类和作用。

此外，本章还列举了目前零售银行使用的各种自助设备，其中大部分设备在未来数年内将继续存在。我们认为，银行网点所使用的自助设备将大大减少。

目前，为客户提供自助服务的设备主要有以下三个不同的渠道。

第一类设备包括现存设备：自动取款机是这类设备中历史最悠久的一种设备，几十年里，一直与其他设备配合使用。2017 年，自动取款机将迎来它诞生的第 50 个年头。

第二类设备于 20 世纪 90 年代被广泛范围使用。这类设备包括视频会议机（video conferencing）、自助服务机（kiosks）和新一代的客户终端。经过漫长的演变，这些设备对网点运营具有重要作用。

第三类设备包括近年来不断涌现的移动设备和平板电脑。

许多技术都有助于提高上述三种渠道的效能。例如，客户关系管理（CRM）系统和生物识别技术（biometrics）、支票成像和支票读取技术。目前，无线网络通信将进一步提高供网点员工和客户使用的自助设备的性能。

未来网点的自助服务还将使用互动数字屏幕。起初互动数字屏幕被用作广告宣传媒介，而现在它将发挥更大的作用。新兴的智能电视设备将与现存的屏幕技术进行整合。

应以这样的方式配置网点自助设备：客户可以在一台设备上发起交易，使用其他设备完成交易。例如，客户办理现金取款业务时可以在平板电脑上发起预处理，然后使用自动取款机取款，随后电子收据凭条将会发送到客户的电子邮箱。

由网点连接的远程视频顾问为客户签发电子申请表就是非现金结算的示例。客户可使用平板电脑线上填写表格，完成之后将申请表传回网点系统。

视频链接（video links）将无处不在：视频柜员机（video tellers）可以协助处理网点内所有类型交易，还能进行客户身份验证。

未来，所有业务操作的物理输入、输出、完成均实现自动化，包括使用自助设备取款或存入纸币、硬币、空白凭证以及支票和其他票据。自动化还包括承兑、打印纸质文件和签发书面单据。

数字屏幕可以接收客户指令并对指令给予回应，包括一般化、定制化或个性化模式。

客户关系管理系统的应用将推动市场细分营销模式的发展。集中管理属性，网点内举办的活动、进行的调查，日益精准的面部生物识别，对人的接触做出反应（例如通过二维码），均强化了媒体在网点环境中的所扮演的角色和做出的贡献。

网点自助设备迎合了客户的现代生活方式和金融需求，也使得网点在社区内部发挥关键作用。

本章主要介绍银行业务所使用的数字渠道。然而，使用银行渠道进行非银行业务处理，或进行与日常生活相关的业务处理的数量，占银行总业务量的比例越来越大。例如，可以使用电子券换取点心。

一些高阶用户很早就开始使用自动取款机订购活动门票和车票。每个市场的机会和需求都不相同，当地消费者的渠道偏好也不尽相同。举例来讲，处理非银行业务交易的方式将发生变化，甚至已经转移到使用移动设备进行处理。尽管如此，对于自动取款机用户来讲，进行非银行业务交易仍然是其使用自动取款机的关键因素。

近来，越来越多的银行开始向客户及小型企业开放互联网浏览服务。这类新型设备的不断涌现成为网点转型实践的一个转折点。采用新型设施不仅使银行客户更加重视银行的实用性，也使社会上更多人选择接受银行网点提供的各项服务。这样一来，客户将注意到银行品牌价值观，也将体验银行秉承的客户至上的理念。

数码设备展现出来的巨大功能性将改变客户的思维模式，也将改变网点的运作模式，应以产生积极效果为目的对上述设备进行管理。许多评论家认为可能导致网点消亡的工具同时也可能使网点成为客户的最佳目的地。本指南列举了目前具有多项功能的数码设备，也设想了未来的网点可能具有哪些特性。

案例2 代际客户对银行渠道的态度

Brittany今年25岁，被称为年轻的“千禧一代”，金融业的发展给Brittany的生活方式带来的改变十分明显。Brittany的第一个支票账户是父母带她到银行网点申请的，念书的生活费，父母是通过支票账户转账给她的；假期兼职临时保姆工作时，薪水也是通过支票支付的。虽然现在这些支票账户都还存在，但Brittany已经很少使用。

Brittany目前从事的工作会将薪水直接存入她账户，不需要通过支票转账；在生活上，Brittany 也早将银行借记卡绑定到手机上的苹果支付了，根本不再需要支票。甚至连网点现在长什么样，Brittany都不太清楚——因为自父母带Brittany开完户之后，她就再没去过网点了。

与Brittany相同，成长起来的“千禧一代”已经习惯用电子银行技术打破零售银行的桎梏。他们依靠手机银行办理业务，也更愿意利用网上银行或移动应用程序去开立一个支票或货币市场账户。根据BAI调查显示，在1980年至2000年间出生的人，70%的银行业务是通过手机、平板电脑、台式电脑、笔记本电脑和自动取款机等机具来完成的，而不是去网点通过柜员完成的。

1965年到1979年出生的人被称为“被遗忘的一代”，他们对新银行技术的接受度仅次于“千禧一代”。而只有1946 年至1964年第二次世界大战后出生的“婴儿潮的一代”，是在银行内拥有绝大多数的存款和资产的一代，因为相比其他渠道，他们更喜欢亲自去银行办理业务。此外，相比手机银行，“婴儿潮一代”更容易接受网上银行，因为他们大多数人不太信任手机银行。

那么，对于这些不同年龄层的客户，银行应该怎么做呢？是要制订一个长期战略，通过时间更迭逐渐缩减物理网点布局，还是应该努力让“婴儿潮一代”逐渐接受移动银行的应用程序，从而减少对物理网点的依赖？

殊途同归的选择：物理网点

金钱具有强烈的个人属性，这个性质永远不会变，无论是对“千禧一代”还是其他时代的人。这也意味着，银行需要谨慎行事，不要仅凭“千禧一代”的当前行为特点就妄下定论。事实上，当年轻一代过渡到人生下个阶段之后，可能会与老一代有很多共同之处。每一代都是如此，当你积蓄不多时，你会非常珍惜现有财产，并对它们进行严密管理和保护。当你有更多的财产时，你会更加珍惜。

此外，“千禧一代”从结婚生子到购置第一所爱巢，需要积累大量资产，此时他们需要更加复杂的产品和服务。这种转变通常发生在而立之年，而非20多岁，这点正如同他们的前辈。而立之年的年轻人更倾向与一个专业知识丰富的银行工作人员进行面对面沟通，以帮助他们做出重要的财务决策。一旦涉及自己的财产内容，他们就会亲自寻求银行专业人士指导，以便更加小心地对财产进行管理和保护。

大势所趋的选择：电子渠道

BAI2015年发布的一项调查给银行业中各年代的客户行为喜好做了一个快讯。调查发现，“千禧一代”将手机银行作为首要渠道，超过36%的银行业务通过手机办理；其次是网上银行，业务量为25%；通过ATM自助机具办理的业务为22%；网点使用率仅占到17%。对于“被遗忘的一代”，网上银行则是最优选的渠道，业务量为27%；紧随其后的是手机银行渠道，业务量为26%；自动取款机占了20%；物理网点使用率最低。

“婴儿潮一代”将网点视为他们最信任的业务渠道，有26.5%的业务选择在网点处理。他们还喜欢在柜台进行面对面的直接沟通，这种方式办理业务的占比高达10.2%。这点高于“千禧一代”（8.6%）和“被遗忘的一代”（9.2%）。最先使用网上银行的“婴儿潮一代”，将这一渠道视为他们的第二个最喜欢的业务办理渠道，高于“被遗忘的一代”（27.2%）或“千禧一代”（22.8%）。

BAI 的调查还阐明了在未来三年中可能会发生转变的业务渠道：

1. 依靠手机处理银行业务。对于移动银行的使用率，“千禧一代”将从 26% 上升至 34.3%，“被遗忘的一代”则从 20.4% 增长至 27.5%。“婴儿潮一代”对移动银行的依赖也会从 8.7% 上升至 13.6%（如图 2-1 所示）。此外，这三代人对网上银行使用率均增速缓慢。

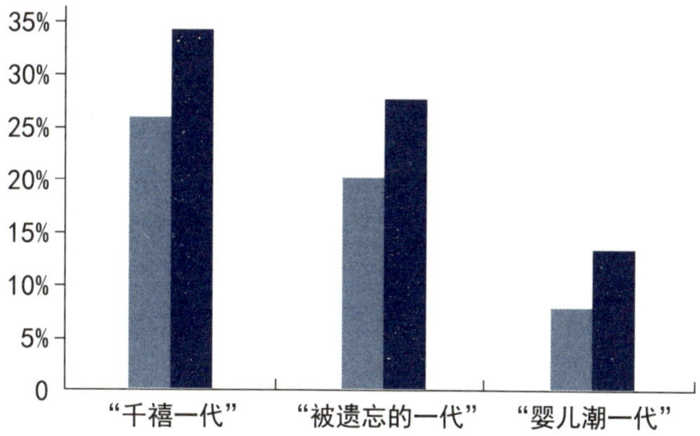

图 2-1　三代人对手机业务使用率的发展趋势

2. 减少对物理网点的使用。根据预测，“千禧一代”去网点办理的业务量将从 16.9% 下降至 14.1%。“被遗忘的一代”对网点的依赖将从 19.8% 滑至 16.9%。“婴儿潮一代”则将从 26.5% 降至 23.2%（如图 2-1 所示）。这三代对柜台的依赖以及对自助机具的使用将继续走低。

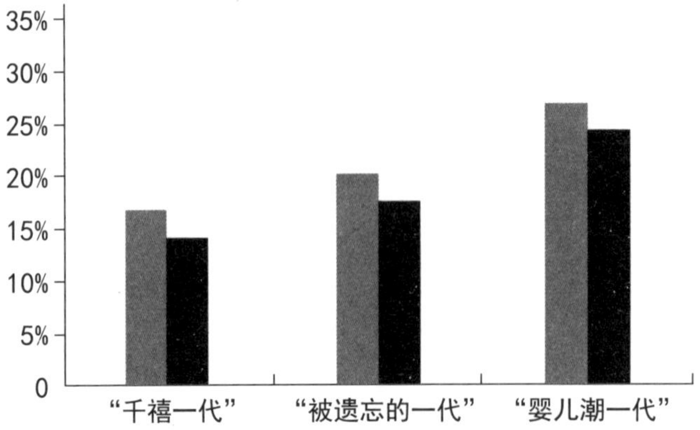

图 2-2　三代人物理网点使用率的发展趋势

双管齐下的整合：物理、电子渠道

如果将网点、快速柜台和放置在网点内的ATM自助机具联合使用，网点仍将是个人银行业务中重要的一部分。此外，复杂的产品、难度较高的业务等细节问题依然需要在网点当面解决。因此，银行未来需要同时关注这两件事：控制网点数量和鼓励使用电子渠道。

BAI对消费者的调查显示，影响三代人选择金融机构的重要因素之一是距离。例如，在选择一个新的金融机构时，超过34%的“千禧一代”最注重的是距离，即从网点到家或办公室最多十分钟路程。其次考虑的是否具有免费和无限制使用自动取款机的权限。对于“被遗忘的一代”，网点的距离也有较大影响（37%）；对于婴儿潮一代，距离的影响力则是最大的（42%）。

当年轻一代过渡到不同的人生阶段，需要更复杂的金融服务时，他们更有可能去网点办理业务。这并不意味着银行需要开设更多的网点，因为总的使用次数（尤其是对日常交易）预计会下降。因此，无论在城市中心还是新兴郊区，银行都可以保持现有网点，或是在社区开办小型的金融服务点，借此吸引“千禧一代”。银行甚至可以在“千禧一代”居住的社区设点办理手机银行，方便居民当场开账户。

与此同时，银行可以帮助“婴儿潮一代”利用他们现有的智能手机，让他们学会使用移动银行。BAI调查显示，“婴儿潮一代”中60%的人使用智能手机，但是他们不愿意尝试手机银行，因为他们担心试过之后仍然不会处理业务，这会让他们觉得尴尬，也担心自己把账户搞乱。为了克服这种心理，银行需要考虑制作简单的视频来演示如何使用智能手机进行存款，并尽快提供给“婴儿潮一代”的客户。

因为“婴儿潮一代”的客户常会带其孩子去购买电子产品，他们可能需要有人帮助他们熟悉智能手机业务流程。因此，银行可以主动指导他们操作自己的第一笔手机银行交易，并培养客户形成使用手机银行的习惯。

对于最年轻的“千禧一代”而言，他们不会完全放弃传统渠道，而全面采用电子渠道，这也从另一方面说明网点不会终结。因为电子渠道不能为客户提供面对面的沟通，更无法比拟网点，能带给人信任感。因此，银行可以建立更小巧精致的网点去服务更多的客户，将日常交易交给ATM和移动银行来完成，从而减少网点员工数量。

对银行来说，在持续的低利率和高成本合规的限制下，要保持经营利润不下降，只有通过慢慢缩减物理网点的数量和业务，降低网点人员配备，并加紧向数字化银行过渡，满足盈利目标，银行才会变得越来越具吸引力。

但是，无论如何，即使网点内业务会根据客户喜好进行缩紧和调整，网点仍将是银行业的一个重要基石。

2.2 传统自助服务设施

传统设备可以处理所有零售银行的业务销售和服务交易，其中，自动取款机仍然是这些传统设备的核心。

日趋成熟的视频设施能够进一步提升传统自助服务设备处理取款交易的能力，还能提供远程服务和咨询。

一种与自动取款机有关却截然不同的设备，可能对自动取款机的持续发展具有补充作用，这种设备专门用于执行网点内各种形式的人工交易。

2.2.1 大堂及网点内部传统自助服务设备

2.2.1.1 自动取款机的作用

自动取款机类型的终端通过自助服务处理网点内的日常交易。德国、新加坡及南非的银行家们率先认识到这种交易模式的重要性，并且十多年来一直从中获益。自动取款机的作用至关重要，因此，本章中“2.2.3 自动取款机及其演进”将对自动取款机进行深入讨论。

2.2.1.2 独立的全自动存款机

独立的全自动存款机已经面世多年，这款机器提供无捆绑纸币和硬币的存款功能，并配有第三方设备。自动存款机可以添加支票查验模块，同时 15 英寸屏幕为客户提供友好的交互界面。机器支持离线或在线运行，并且可以被置于墙内（穿墙式）或布放在独立的岛屿中。由于机器内部配有拉杆装置的箱子用于存放硬币，使得清钞或硬币操作变得更加简单。

零售银行中仅处理纸币和硬币存入业务的存款机越来越受欢迎，由于每款设备的运行速度都不同。金融机构试图为客户提供便捷服务的同时，也在寻求提高柜员机效率的方法。硬币须投入到机器的接收口之中。机器会自动签发收款凭证，或确定存入金额后直接计入客户的账户。自动存款机的出现，把银行从清点巨额硬币的负担中解脱出来。反过来，银行提供的自助存款服务也引导年轻客户追求节俭的生活方式，鼓励他们把钱存入其在银行开立的储蓄账户中。

图 2-3 全自动存款机

简单信封受理终端（Simple envelope-accepting terminals）是最早的自助存款机器，并已被银行推广使用超过 30 年。这种机器因价格低廉、安装简便而大受欢迎，既可独立运行也可被嵌入墙壁，有点类似于自动取款机的形态。机器接收信封插口尺寸的大小不一，有更大可能处理大额商业交易的机器，其信封插口的尺寸也会更大。客户可凭条形码、无线射频识别（RFID）或银行卡及 PIN 码登陆设备。信封受理终端则能够为系统中较复杂设备发生的故障进行备份。

2.2.1.3 其他传统自助服务设备

通常，多种面额货币兑换的需求主要来自企业客户。许多设备具有换取零钱的功能，但是兑换零钱最受欢迎的方式是将整币换成成卷的硬币，客户存入皱巴巴的纸币，插入支付卡（及输入 PIN 码）或利用其他支付媒介都能够将整钱换成各种面值的硬币。银行可就该项服务进行收费，手续费可在客户账户中扣除，或要求客户支付现金。

具备一系列功能的独立自助服务机已被广泛使用，其核心功能包括：

完全的账户访问和账户管理功能；

一套更简便的查询交易功能；

对账单打印功能；

支付账单功能；

提供产品和服务信息功能；

开户功能；

申请贷款功能。

上述功能可以延伸到为一系列非银行交易提供服务。机器可配备一系列认证技术，手机可以与银行代理进行语音（或视频）交流，自助服务机可与银行内部网络互连或通过互联网执行交易。

在全球金融市场的不同部分，还存在多种自助设备。这些设备中一部分是标准设备，其他则是经过功能定制的设备，包括执行支票簿管理、银行卡加载和签发支票簿的专用终端。尽管许多银行家更愿意取消支票簿业务，但该业务仍然是全球零售银行业务的一部分。支票簿读取设备可以在旧单据被写满后直接打印或签发新单据。专用终端还能签发新支票簿。随着客户对支票簿需求的下降，这类终端的数量也越来越少。

2.2.2 视频银行设施

近 30 年，视频技术一直在快速发展，高速度通信技术的应用为全球市场中使用视频链接的机构提供了新的动力。

许多自助设备齐全的网点开始为客户提供视频会议咨询设施。这样一来，客户和网点员工都可以与位置较远的产品和服务专家进行远程沟通。客户可以预先约定视频会议的地点和时间，网点也能通过链接技术提供专家随叫随到服务。

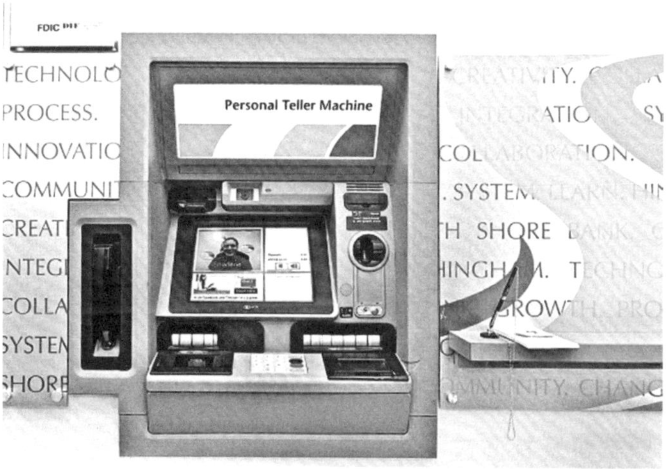

图 2-4 视频柜员机

咨询顾问能够控制交易的所有流程，包括远程打印报价单和客户申请表，以便客户可以带走或当场填写表格。数据传输设施为咨询顾问和客户提供可共享的信息和表格。视频盒（video booth）内设置的扫描仪使咨询顾问可以浏览或读取客户发送的文件，如身份识别文件。咨询顾问的专业技能越熟练，就越能为客户提供更流畅的客户体验。实践和经验表明，目前客户已经将视频技术设备看作是面对面办理业务的替代品。

设置在面对面服务需求不高（尽管这种服务仍在创造价值）区域的网点，可以通过视频会议技术降低成本，削减网点目前使用的专业人员人数。咨询顾问可以设置在更大的网点或设立集中呼叫中心。这样，顾问可以随时随地为规模较小的网点客户提供服务而不必往返于网点之间。

近期快速发展的视频柜员机（video teller）也通过面对面服务为使用该设备的客户提供更加便利的银行服务。起初，视频柜员机被设置在自动取款机内，随后，又推出具有多种功能的客户定制机。客户持卡或无卡均可使用该项服务。这款设备最先进的特点是可执行包括存入现金和支取现金、兑换货币和兑现支票等交易。该设备通过内部集成读卡器，支票和票据扫描仪，身份证件信息和数字签名读取器执行上述交易。银行通过视频柜员机设备提供的面对面服务包括：

引导客户使用网点内的自助服务；

延长网点服务时间；

在无人自助服务网点为客户提供远程支持。

所有的银行视频设备都能为银行节省运营空间、提升成本效率并延长客户访问时间。通过将客户与销售专家、呼叫中心代理员，或远程柜员进行视频连接提供自助服务，可以显著降低网点人力成本，并提高网点运营能力。

2.2.3 自动取款机及其演进

基于客观证据、有数据支持的假设和预测撰写的本指南，旨在为读者呈现网点转型的操作实践。但是，本节内容稍稍偏离这个主旨，是为了向读者阐明自助设备发展过程中正在发生的变革（这种变革仍然是零售银行网点战略的基石）。大多数机构将继续使用传统的自动取款机。具有现金和非现金交易处理功能的自动取款机将继续为客户提供服务，银行没有理由改变这种自助服务提供模式。

行业领导者已经着手对自动取款机的物理特性进行再开发。在适宜或必要时，银行还将引进许多更加优化的功能，例如，预处理交易和生物特征识别。

目前，自动取款机的存款功能可以处理不成捆、混合的和正反面不同的纸币、支票的存入，方便客户操作，也无须再使用信封。

现金回收功能将广泛应用于自动存款机（请注意一些国家禁止纸币再循环）。自动取款机具有支票影像记录功能，可以记录支票的正面和反面，机器吐出的客户凭条也具备这种功能。

许多自动取款机内设置了硬币分配槽。另外，在有需求的情况下，银行还可以通过添加其他设备为硬币存款配置额外功能。盒式打印机可以在包括宣传材料和邮票在内的其他纸张上使用。计数 / 理货纸卷（tally roll）

也可用于网点宣传。大多数自动取款机可执行一系列的非现金交易，也可以打印全部尺寸的对账单。然而，目前的发展趋势表明，已经出现两种完全不同的设备变革趋势，与传统设备的经典外观和主要功能都背道而驰。

行业领先的银行家们引领了第一个发展趋势，并对传统自动取款的性能进行改进。其中一项改进就是在一台机器上设置两个屏幕，一个屏幕用于显示交易信息，另一个屏幕向客户和路人传递营销信息或用于通讯。

其他类型的新一代设备通过集成视频实现与银行代理的互联。对客户体验人体工程学和身份验证选择的重新思考，使人们设计出与传统设备外观大相径庭的新型设备。自动取款机的这种被强化的功能使一些银行的核心交易从柜台办理转移到使用自助柜员机办理。新一代自动取款机能够办理的其他业务包括为用户提供活动门票和当地车票的订购服务。

第二个趋势起源于推出这样一款自动取款机，为其安装一个能够取代控制键盘的平板电脑型屏幕。这样装置的逻辑外延在于仅仅平板电脑，就可以执行在自动取款机上才能处理的交易。在所有交易均可由客户在平板电脑、智能手机或其他自助设备上发起的网点，已证明上述方法对网点的发展具有重要作用。无论其功能如何，只有发起交易的设备与自动取款机连接时，自动取款机才会被激活。这样一来，自动取款机将不再需要配置屏幕和键盘。

这就是自动取款机的重要作用，尤其在对未来网点进行规划时，需要考虑实质变革可能性对自动取款机的作用和性能产生的影响。我们必须预测前文提到的种种变化趋势，及由此带来的更多变化，及其隐含的意义。自动取款机的革新必然对网点转型产生实质性的影响。

案例 3　日本银行 ATM 的人性化设计

近年来，科技的飞速发展推动了银行服务效率的不断提高，使得客户的服务体验变得越来越好。在科技运用上，硬件的技术开发与精进已经可以在安全、效率、便利上解决客户的一些问题，满足客户的期望，只要肯花钱购买这些技术，任何一家银行都可以获得它。如此一来，服务差异化就几乎不存在了。当然，这些也仅能从基础服务上满足客户，充其量也只是体现了银行的硬实力。而“超越客户期望”才是银行服务的最终目标，也是在服务上体现差异化、提高客户忠诚度，与竞争对手在软实力上真正拉开差距的地方。

日本不仅产生了几家著名的ATM厂商，还在ATM的人性化设计上领先全球。那么，与日本银行业相比，中国银行的ATM还存在哪些软实力上的不足呢？ATM作为取代高柜柜员的自助化交易设备，经历了从最初只有查询、取款的功能，到后来能够存取款、查询、转账，甚至开户，以及到今日的大部分原本在柜面交易的业务，都能够由机器替代处理，其交易功能已经达到极致化。然而大家看到的情况是，客户体验并没有因此而改善多少，除了交易时间缩短，不用排长队，办理方便一些以外，那些“超越客户期望”的服务，并没有太大的起色。难道机器就是机器，永远比不上人的服务人性化吗？答案是否定的。

一台机器 = 一家银行

众所周知，一台机器并不能完全替代一家银行为客户提供所有的服务。但相较于中国的银行，在自助设备的运营设计上，日本的银行有许多独特之处。

中国许多银行网点，除了在自助银行区域布放数台ATM外，还在网点内各分区零散地布放了各种不同的自助设备，例如自助缴款机、自助查询机、自助存折打印机 / 补登折机、自助点钞机等，加上摆放了各种产品折页的产品架，整个网点厅堂现场显得无序又零乱，客户犹如进入一个自助设备与功能堆砌起来的“迷宫”，需要不停地寻找、询问，而这种“自助服务”并不是客户想要的。这也是目前中国的银行不得不设置大堂经理岗位进行现场管理和分流引导的主要原因。

其实，当初引入各种自助设备的初衷是为了解决客户的排队问题，以此提高客户业务自助办理的方便性，但这种“头痛医头、脚痛医脚”的无节制引进自助设备方式，反而给银行的管理带来了难度，增加了管理成本。

日本银行网点的自助银行，不仅不同于中国自助设备全裸机的外观布局，还能将银行的各种业务（交易服务、产品等）功能整合设计到仅 1 立方米大的一台 ATM 上，甚至达到功能齐全、操作简单的良好体验，足见其空间利用率与人性化设计水平之高，如三井住友银行的自助银行便是如此。

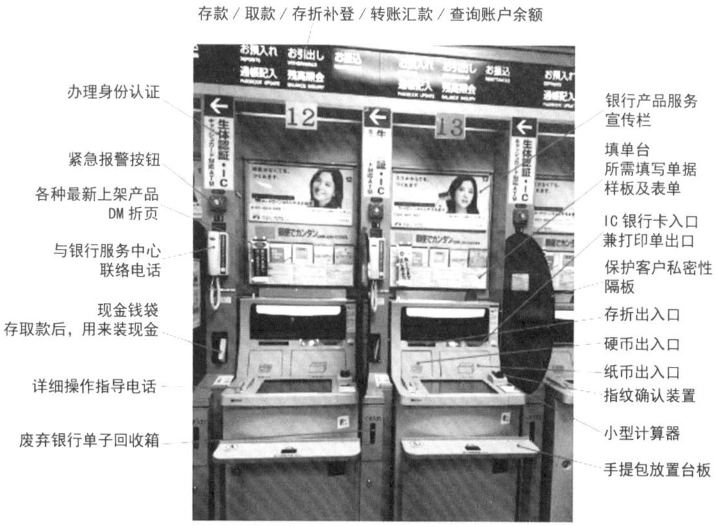

图 2-5　三井住友银行的 ATM 机功能全景图

日本银行 ATM 的功能

目前来说，日本银行 ATM 能完成银行的绝大多数业务。功能大致包括存款、取款、汇款转账、余款打印、存折记录打印、活期转定期、购买彩票、存折满页更新、外币存款取款、信用卡取现金、银行卡密码变更、公用事业费支付、取款限定额修正、中国银联卡取现等。

当然，各银行 ATM 的功能也会稍有差异。在 ATM 上涉及使用现金时，无论是存款还是取款，只要是日本银行发行的目前在市场上流通的所有货币（包括最小 1 日元到最大 500 日元的硬币，以及最小 1000 日元到最大 10000 日元的纸币），均能在 ATM 上使用，存取自由。此外，日本的 ATM 中也不会出现假币，这是因为一方面日元是防伪性能相当高的一种货币；另一方面，日本的 ATM 具有相当高的鉴别假币的技术。

无处不在的人性化服务体验

结合 ATM 上述的功能，从日本银行网点的 ATM 设计与布放空间来看，人性化的服务体验设计无处不在。如表 2-1 所示。

表 2-1　ATM 人性化服务一览表

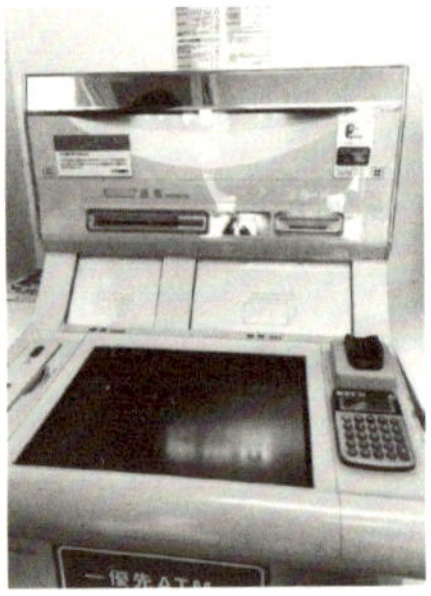	**液晶操作显示屏角度设置：** 日本银行 ATM 的液晶操作显示屏通常是水平设置的，角度稍稍倾斜，客户是从上方往下看，这样可以防止站立在后面人的偷窥，并且还在两台紧挨着的 ATM 机之间设置了简易隔板，从而保护了客户在操作过程中的账户信息隐私。 目前中国绝大多数 ATM 的液晶操作画面都是垂直设置的，液晶画面显示的个人信息内容很容易被站在后方的客户看到，存在客户隐私安全的问题。
	日本 ATM 的操作和显示部分，都内置在一块相当于 12 ~ 14 英寸的彩色液晶屏幕上，操作时用手指触摸液晶屏幕即可，与人们现在使用的 iPad 或手机相同。此外，ATM 的彩色液晶画面不但会随时显示详细的操作说明，还伴有辅助的语音提示，客户来时会提示一声“欢迎”，操作时会用语音提醒客户下一步操作的步骤和方法，而当客户离开时则会发出一声“谢谢”。ATM 彩色液晶画面的字体也比较大，这是为了让老年人容易看清，非常人性化。
	**小型计算器：** 有些客户到银行办理业务的时候，免不了会涉及具体的金额计算，日本银行的 ATM 机上就设有小型计算器，当客户需要计算具体金额时，就可以非常人性化地用它来解决问题。 **拐杖 / 雨伞挂、插孔：** 在残障、老人优先使用的 ATM 机上，客户如果遇到手上拿伞，或者其他物件，而腾不出手在 ATM 办理业务的时候，ATM 机上那个黄色的小挂插孔就能帮上忙。即使是这样小小的细节，也都被日本银行考虑到了 ATM 的人性设计当中。

（续上表）

	**优先 ATM：** 在若干台排列的 ATM 机中，一定会有专为残障、老人、孕妇等提供方便的优先 ATM 机，这也是日本银行 ATM 机非常人性化的体现。优先使用说明通常用一眼就能看明白的图示，而不是堆砌的文字，这也是一种人性化的应用。
	**自助银行网点内的 ATM：** 日本银行通常每家银行都会排列着 10 多台 ATM，而大银行网点同时又排了两列共 20 多台 ATM。基本上每台 ATM 都会有客户在使用，常常也会出现排队的情况，但即使需要排队速度也会很快。 在日本，如果要排队，客户并不是在每台的 ATM 后面各自排成一队（这点与中国很不一样），而是在所有的 ATM 后面排成一队，哪台 ATM 空了，排在第一位的客户就上去使用，这种排队方法也是比较公平合理的。
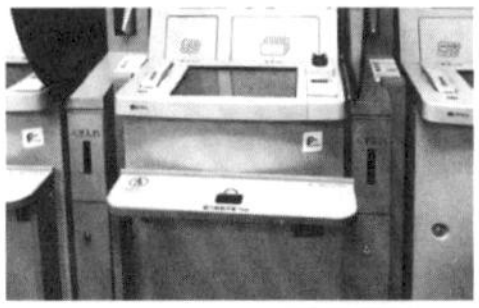	**手提包放置台板：** 由于客户存取款需要从手提包里掏出钱包，常单腿支撑然后取卡，很不方便。日本银行 ATM 机上就设计了一块简单的台板，客户可以先把手提包置于其上，然后再腾出手来操作和交易。
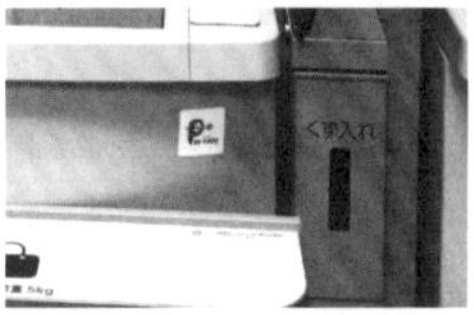	**不要的银行单子回收箱：** 日本一直是一个干净的国家，所以客户也是非常爱干净的。在 ATM 机上设计了一个回收箱小口，客户办理完交易后那些不要的银行单子，便可以丢入旁边的回收箱小口，因此在 ATM 机旁不会留有任何的纸屑垃圾。
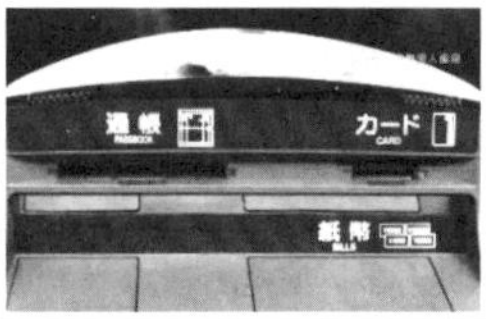	**安全防范的反光镜：** ATM 上有设计精密的存折入口、银行卡入口以及硬币、纸币投入口，同时，在这些入口的上端还巧妙地设计了一个反光镜，客户通过反光镜可以观察身后情况，方便提前做好安全防范。
	ATM 上安装了一个附属的指纹判断检测装置，客户在使用时需要事先进行指纹登录，以确保是否是客户本人。
	日本每一台 ATM 旁边都有一个架子或者格子，放有充足的印有该银行抬头的正规信封，以方便部分客户在取钱之后，需要将纸币放入信封的需求。

ATM 也“上下班”

目前，日本银行众多，ATM 也遍布各地。其中，最大的银行依次分别为：三菱东京 UFJ 银行、MIZUHO 银行（みずほ银行）、三井住友银行、RISONA 银行（りそな银行）。除了这四家规模比较大的都市银行之外，还有很多数不清的地方银行、信托银行、信用农业银行等。

根据需要，日本银行的每家网点都会设置几台甚至几十台 ATM，除了在银行的网点中布设 ATM 之外，各家银行的 ATM 还会均匀地分布在全国各地的商业和住宅区域，甚至包括大学、商场、百货公司、机关办公大楼等公共区域，这给人们的生活带来了极大的便利。

在营业时间上，日本所有的银行窗口统一规定9：00—15：00 进行营业，而周六、周日及国定假日则全休。在日本看来，银行员工也属于国民的一员，所以，理应也享有国定假日休息的权利，这点与目前中国银行的业态不太一样，这也是其人性化表现的一面。

正是因为日本银行窗口营业时间不长，这就要求银行必须在 ATM 的自动化功能上多下功夫。相比之下，日本 ATM 的营业时间就比较长，平时的运营时间大致为 7：00—21：00（各自助点的营业时间会有所差异），周六、周日及国定假日照常使用。另外，银行也会根据客户的需要，在那些特殊的商业地段设置一天 24 小时营业的 ATM。

日本为什么不像中国那样，将所有的 ATM 都设置成 24 小时营业呢？有的是出于深夜安全性的考虑，有的是出于节能方面的考虑。因为日本 ATM 实在太多，加之日本不是一个资源大国，夜晚急需使用 ATM 的客户并不多。此外，日本人也已经习惯银行 ATM 在制度上规定的营业时间，平时就会在它规定的时间段去使用 ATM，反而大大提高了 ATM 的使用效率。另外，日本近几年在那些 24 小时营业的便利店内（例如 7-11 便利店），也都设置了通用的 ATM，以供那些有急切需求的客户使用。这点与目前国内所有的 ATM 都是 24 小时服务的业态也很不一样。

2.3 新渠道

手机和平板电脑正在迅速成为大多数网点处理银行交易和非银行交易的主要媒介。

包罗万象的其他技术将为上述设备的使用提供支持，比如视频技术，可以最大限度地提高用户使用设备的功能性和安全性。

只有在处理货币表格和其他实体资料的时候，才需要其他设备的配合。

新一代设备体现出趋同性，这些设备和新兴理念将取代传统桌面终端的作用，例如智能电视。

网点转型利用的新渠道要求网点采用协调的方法去进行导航，图像处理、图形显示和功能配置。

案例 4 PNC：新网点的尝试没有终点

PNC 在美国宾夕法尼亚州的莫尔文市新开放了一个网点，与 PNC 之前的所有网点都不一样，这次 PNC 在莫尔文支行又呈现出一些新的东西。

独具一格的莫尔文支行

这家全新的新概念网点摈弃传统的自助机具设计窗口，并用最新的智能 ATM 取代传统的机具。从功能上看，这些 ATM 能实现柜员的所有交易操作。

PNC 在莫尔文也设立了“探索桌”，员工可以通过 iPad 和可触屏幕直接与客户进行沟通，指导客户使用 PNC 的网上银行或手机银行。

莫尔文支行的 11 个员工中的大多数并没有固定的办公空间，因为所有员工的头衔都是“理财顾问”。为此，每位员工都必须接受系统而严格的上岗培训，确保每位员工都能解决客户所有类型的疑问。

莫尔文支行配备了远程影音沟通设备，可以让客户与理财顾问进行可视会议，理财顾问也会针对客户的情况来做分配投资、抵押贷款和退休计划的建议。

即使从时下的标准来看，PNC 在莫尔文的这家支行的面积也是很大的——足足 3600 平方英尺（约合 335 平方米）。但这并不意味着 PNC 认为大就是好。为了测试究竟哪种类型的网点更适合客户的需求，PNC 在网点的设计上显得颇为激进，在这种大面积全功能网点之外，PNC 同时也推出了可以置于卡车上移动的“快闪网点”（详见《零售银行》2014 年 3 月刊）。

PNC 希望通过这种快闪网点提供一种全新的解决方案，为客户提供一个就在身边的、配备有高度智能化 ATM 设备和手持平板的电脑客服专员的微型网点。大型网点依然有其存在的意义，但这需要依特定市场的需求和区位来决定是否建设大型网点。

未来，PNC 也会依据客户需求的变化，做出更多类似于“快闪网点”的新尝试。PNC 的执行副总裁 Todd Barnhart 说：“PNC 没有统一的蓝图或者标准的答案、想法，我们一直希望了解和测试客户的预期，最终给他们最想要的网点。”

图 2-6　PNC 的探索桌

不相信网点衰亡论的 PNC

PNC 的一位区域主管 David Melin 在某次采访中坦承，来网点排队办理业务的客户越来越少了。因为包括自助机具、网上银行、手机银行在内的电子渠道的崛起，解决人们大部分业务处理需求。

Melin 说：“科技的进步，使得以前必须来网点办理的业务都已经远离了网点。”

为此，PNC 跟其他银行一样，进行了大规模的网点削减和成本控制。仅在 2013 年，PNC 就关闭超过 200 家网点，截至 2014 年 6 月，又新关闭 25 家。与之相对应的，PNC 开始有目的性地控制物理网点的成本支出，先后至少为银行节约了 7 亿美元的成本。

这是否意味着 PNC 开始放弃在物理网点上进行投入了呢？PNC 的管理层认为情况不是这样——PNC 依然维持着一个 2700 家网点的物理网点体系。通过各种类型的调研，PNC 也坚信客户依然希望通过实体渠道来获取银行的产品和服务。不合时宜的只是眼下的网点运营和设计模式，而不是网点本身。

图 2-7　PNC 的物理网点

所以，不管网点衰亡论有多么盛行，PNC 一直坚持着自己的探索。在未来的几年内，PNC 会从眼下的这些实验性网点中确定几种类型作为标准模板，在全行范围内进行复制。

在这一天到来之前，PNC 在莫尔文的这家网点，依然会承担大量的创新性测试任务，至于最终结果怎样，让我们拭目以待吧！

2.3.1 手机和平板电脑

由于便携性能突出，移动设备在客户和网点员工中的使用频率很高。通常，网点大多会将移动设备放在桌面或吧台上，客户也可以选择站立或坐着使用设备。在网点的公共区域内，网点工作人员可以使用移动设备帮助有服务或交易需求的客户，也可以帮助客户处理自助服务。此外，客户可以在咨询台使用移动设备，或选择坐在具有休闲风格的长椅上使用设备。

越来越多的客户喜欢使用具有共享功能的手机和平板电脑研究或讨论新产品。近几年来，由于平板电脑的普及，银行开始为客户、所在社区和员工提供无线上网服务，功能包括：

浏览产品和服务功能；

余额查询功能；

基本的账户访问和账户管理功能；

转账和支付功能；

开设账户功能；

申请贷款功能；

访问互联网功能；

访问社交媒体功能；

访问其他增值服务功能；

客户关系管理驱动的个性化一对一营销功能；

使用个人金融管理工具（PFM）功能。

目前，上述设备具有的非现金交易处理功能已经超过传统自动取款机或其他自助设备具有的非现金功能。平板电脑具备的图像处理能力具有很多特点，这些功能包括圆形分格统计图功能和以便利的方式向银行传递银行客户关系，客户状态和营销机会的功能。

客户使用个人金融管理工具，可以查询其在银行的总体财务状况。个人金融管理工具的主要特点包括：

登录后进入客户欢迎界面，通过概览页面，客户可以快速访问图形化的主要任务界面，还可以轻松访问最常用功能模块；

支出自动分类功能使客户可以跟踪消费情况；

设置预算和管理开支功能；

个人现金流管理功能；

了解类似消费群体的消费习惯功能。

图 2-8　银行网点广泛使用的移动设备

研究表明，许多客户已经开始使用个人金融管理工具。由于上述及其他原因，最佳实务建议在设计个人金融管理服务的特性时应着重考虑客户的需求。

客户下载智能手机应用程序后，网点员工根据手机程序提示就知道客户是否已经进入网点，客户关系管理系统随后就将该客户信息和适合向该客户推荐的相关产品、服务发送至员工的智能手机中。

仍然有很多用户使用桌面终端，客户可以通过网络银行访问其账户。由于大部分用户熟悉传统键盘的使用方式，所以使用桌面终端会比较省力。到访者也可使用桌面终端访问互联网进行个人浏览。然而，这种终端正在被更为便捷的平板电脑替代，这种趋势有望延续。

2.3.2 数字屏幕在银行网点的应用

图 2-9　数字屏幕在银行网点的使用

数字屏幕原本仅被用作广告宣传，但是随着其功能性的拓展，目前数字屏幕具有三个主要功能：

第一个功能包括最初的传递信息和硬推广功能。通过单独或选定的屏幕，可以向特定用户传递信息，或所有信息传递均在特定的网点或其他地点进行。用来展示信息的屏幕可以布放在网点内，也可以安装外置视频墙，使网点更具吸引力。

第二个功能可使用户（客户或其他人群）和屏幕进行互动。触屏技术已经被证实很受用户欢迎。数字屏幕的基本推广功能可能包括计算器功能，或提供打印、电子邮寄产品的详细信息和其他信息功能。

很多银行已经考虑到保护客户隐私的需求。但是，经验表明一些使用外置视频墙的用户并不认为在视频墙上操作设备可能泄露其隐私，因为事实上，路过的行人无法清晰地看到视频墙显示的用户信息。

数字屏幕的第三个功能是电子会客/接待客机（electronic meeter-greeter）。触摸屏幕上显示客户欢迎界面，包括网点员工的详细信息，还可能提供每位员工所对应的二维码。用户使用该设备选择合适的工作人员为他们提供服务，或预约网点工作人员。应对如何在数字屏幕中配置虚拟人物进行研究，并把它作为提高客户体验的手段。

许多银行将电子屏幕作为网点经营的主要特色，来访者可使用电子屏幕了解网点所在社区的相关资料。一块屏幕或屏幕墙长达数米，具有灵活性，也可被用来展示当地举办的各项活动。在网点举办的名人 Wii 竞赛中，一名重要选手选择使用网点提供的数字屏幕设备进行竞赛。

很多银行使用快速屏幕调查功能来获取客户对其服务的早期反馈，或收集客户意见。例如，获取客户对如何使用慈善募捐款项的建议，社区内其他经营实体也可能以同样目的使用电子屏幕。

以数字显示屏为载体的面部识别技术正发挥越来越重要的作用。目前，具备面部识别功能的电子显示屏可以捕捉面部图像，在识别客户性别、年龄和其他特征方面的可靠性也日益成熟。面部识别技术的复杂程度将不断提升。直接与客户关系管理系统相连的单位可以提供经过评估的营销策略和信息。识别出来的数码信息还可以采用下列因素进行分析，包括屏幕位置（如窗口或网点内部）、网点邮编、个人特点或时间。

总之，在网点使用数字屏幕能够显著增强网点与客户及社区的交流、互动和服务水平。先进的数字屏幕系统与其他设备整合的经验表明，在数字屏幕功能不断演进的同时，应积极探索、全面理解数字屏幕所能够发挥的作用。

2.3.3 客户界面

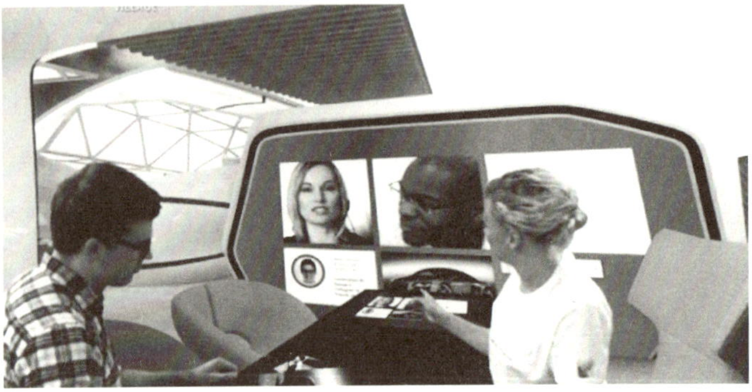

图 2-10 多功能自助服务设备

未来网点将打造多渠道、多功能、多设备的运营环境。从短期看，除了布放状态良好的自动取款机，网点还将配备账户管理自助服务机、零钱取款机（changedispensers）、对账单打印机、手机和平板电脑、台式电脑。

自动取款机将成为客户操作的屏幕—键盘终端（screen-and-keyboardterminals）大家庭中的一分子。

随着银行配置不同类型终端数量的不断增加，需要保证这些终端的用户界面的通用性。考虑整体客户体验，应确保使用一致的企业标准。

就实用性而言，银行必须保证在品牌形象、企业信息和导航工具方面具有一致性，上述工具不因设备或网点位置不同而有所变化，一致标准还要满足弱势群体和残障人士的需求。

所有终端上的通用内容均应清晰可辨，布放在网点内不同区域中的设备的功能性体现差异，对网点运营更有益处。

在使用传统自助设备过程中，相对于触屏功能，人们更愿意继续使用键盘功能。强大的图形技术为更好管理客户体验提供了机会，包括使用直观的导航技术。引导客户逐渐适应触屏功能对网点而言是有价值的。

总之，无法正确认识整合跨渠道途径的重要性将导致网点无法为客户提供最佳体验，也可能降低客户参与度和网点盈利能力。

2.3.4 客户自有设备

客户在网点接受银行服务的方式将不再局限于使用银行的设备，包括平板电脑和手机在内客户自有设备（CODs）将用于执行预处理交易或参与直接交易。

客户进入银行网点，将设备接入银行系统，被设备有效识别后便可处理预先设定的一系列交易。这种功能早期的实例就是自动取款机交易的预处理操作。

展望未来，上述功能将在越来越多的交易（包括货币和非货币交易）中实现。银行员工可以访问或共享由客户发起的交易申请，例如，客户申请一笔贷款，数据和电子文件可在客户和银行员工的设备上来回传输，银行的设备也可以与客户的邮箱进行传输往来。

案例 5 南非银行业的网点创新迷局

图 2-11　南非银行网点

南非最大的四家银行近期纷纷推出了新颖独特、史无前例的网点设计，这些网点都采用了一系列先进技术和产品，如 iPad、触摸屏、液晶显示墙和虚拟互动技术。但是，这种以高科技设备为噱头的改变真的能支撑起一个银行网点的重塑吗？

图 2-12　南非的高科技网点

这个问题还来不及回答，高科技网点的风潮已然席卷整个南非。几乎所有的南非本地的大银行，都陷入一种将分支行网点重新设计的热潮中而不能自拔。他们粉刷网点的墙壁，留下裸露的天花板，铺设冷色调的地板。在这样简朴的装修风格下，各种高科技的设备一字排开，从微软界面的交互元件再到视频会议等，贯穿客户体验的整个流程。

难道这就是围绕高科技而打造的所谓的未来银行吗？看来，银行正试图利用高科技来诱导客户重新走进网点，但是真正（有用的）高科技不是应该给人们创造更多的人身自由吗，不是应该让客户免受物理网点的拘束吗？

从南非的实践来看，我们可以抛出这样一个关键问题：银行是要通过将它们原有的物理网点改造成为高科技的跨时代网点，使其牺牲银行业一贯注重个人色彩和人际沟通吗？这点恰恰是客户只能通过网点而非其他渠道才能获得的。

FNB 推出的高新技术网点

对于其新型的网点，FNB 使用了如“虚拟环境” “交互” “在线解决方案”“视频会议”和“新技术”等新型用语来描述和定义。除了几台先进的自动存取款机之外，这家的网点的所有交易都是无现金的。

这家网点实现了与 iPad 或 iPhone 上自带的增强现实技术［一种将真实世界信息和虚拟世界信息“无缝”集成的新技术，是把原本在现实世界的一定时间空间范围内很难体验到的实体信息（视觉信息，声音，味道，触觉等），通过电脑等科学技术模拟仿真后再叠加，将虚拟的信息应用到真实世界，被人类感官所感知，从而达到超越现实的感官体验］的有效整合，使得客户利用自己的苹果设备即可了解网点内的所有信息。如果你点击任意一款正在运行产品的应用程序设备中的“简介”按钮，屏幕上就会出现一个对话框，上面的内容清楚明了地让你了解该产品提供的各项功能。例如，如果你点击一个 FNB 标志，屏幕上会立即出现 FNB 品牌的历史。

该网点也专门设置了几个“会议隔间”，客户可以到里面进行视频会议，与客户经理进行磋商。但不得不怀疑的是，为什么客户需要专门走进一个网点，才能与他们的客户经理或私人顾问进行网络视频会议？他们待在家里，使用自己的电脑，不是也可以吗？何必多此一举呢？

“FNB 将经营的重点从传统的银行转移到一个超现代的店面型的数字渠道环境。”该行在一份声明中这样说道。可从实际情况来看，仅仅给一个网点添置各种高科技器具，并不意味着银行能顺利实现由传统经营模式到新概念网点的转移。FNB 一方面鼓励客户光临新概念网点，但另一方面新概念网点的诸多服务本就不用客户前来网点，这本身就是一种悖论。

ABSA 的“网点试验室”

ABSA 在约翰内斯堡发布了全新的“未来银行”。在发布完整的“未来银行”概念，并在全辖网点范围内铺开实践之前，ABSA 打造了一家网点产品和流程的实验室。ABSA 表示，其“网点试验室”的理念主要专注于“原型技术、流程简化测试，以及互动数字媒体建设和应用战略检验”。

ABSA 所测试的一系列技术包括真人大小的交互式触摸屏、全数字的 24 小时自助服务区、台式触摸屏和远程服务。ABSA 甚至将其服务体验等方面的内容都总结成一个独立的服务品牌，如“快速服务查询”。

“客户互动区”的数字墙包含 33 英寸和 55 英寸的三星专业显示屏，以及一面由 24 个显示屏组成的“森林显示屏”。ABSA 通过一个 COOLUX 媒体系统集中管理网点内的所有数码设备，并且将三星微软触控界面嵌入桌面。

ABSA 称，它的网点概念并不是用创新的技术和设备来“惊艳”客户，而旨在通过提供更多与零售客户相关的服务来吸引客户。该行现在通过 990

家网点以及9540部自助机具的庞大系统，为其超过12万客户提供服务，这一规模比南非其他银行都要庞大。

Standard Bank 推出的学生银行

Standard Bank 想设计一种新的网点来服务新生代的银行客户。他们着手创建一个时尚、智能、开放和具有都市感的空间，拥有现代化的设计和当代的时尚感，一个多元却很宽松的环境。换句话说，他们想要一些很时尚、很酷的东西。

Standard Bank 慷慨地把 iPad、iPhone 和 iMac 电脑遍布在整个网点，用以塑造其新的“关注青年”的新型网点。“客户可以通过这些设备免费浏览社交网站，如 Facebook、Twitter 和 YouTube，消磨时间。”

但是，如果银行希望通过使用高新的技术来拯救物理网点，那是大错特错。没有人想跳进汽车，专程开到一家银行网点去上网冲浪。银行不是网吧，如果他们可以在家里或浏览社交媒体网站处理银行业务，就不会专程跑到网点去。一些能够在网点以及其他地方进行的活动并不是网点特有的优势，也没有客户附加价值。无论高科技的应用或精致的设计将客户体验包装得多么精彩，都不是网点存在的独特之处。

第三章

客户参与网点科技革新

随着越来越多的银行在网点内配置平板电脑和视频终端这些新一代网点终端，如何促进客户参与就成为一个战略性的命题。

3.1 引导客户使用自助设备

引导客户使用自助服务的关键成功因素包括：

使用具备适当技能水平和积极性的员工；

为具有自助服务需求的客户发起的交易配备具有足够交易处理能力的终端；

创造网点的最佳物理环境，包括设立无障碍通道。

随时接触客户并获取其他信息，将为网点员工提供服务与销售对话的内在机会。

本章中“3.2.1 促进客户参与”主要讨论行为变革计划，该计划旨在帮助网点工作人员在促进客户参与自助服务过程中适应新角色，同时创造最佳的网点物理环境。而“3.3.1 为弱势群体和残疾人士提供访问便利”讨论的是如何为残障人士配置自助设备。

银行网点正面临如何鼓励客户使用自助服务办理存取款业务的挑战。在大多数市场中，这个挑战仍然存在。鼓励客户使用自助服务机、桌面终端访问账户和进行账户管理也面临着类似的挑战。

随着越来越多的银行在网点内配置平板电脑和视频终端这些新一代网点终端，如何促进客户参与就成为一个战略性的命题。重新调配昂贵的人力资源，使资源流入更能产生利润的提升客户服务水平和加深客户关系发展中去。

成功引导客户使用自助设备有许多不同的实现路径。一个成功的关键标准是使用自助服务处理的交易数量或使用自助服务的客户数量达到一个理想的百分比。但是，引导的过程不能使客户感觉到自己是被迫进行交易办理方式转变的，客户的自助服务体验必须是自然而然的，并且应该使客户感到满意。

实施行为变革计划需要配置相应的资源，预算金额应覆盖员工培训、客户沟通、设备展、员工激励、保证设施正常运转。

在了解计划潜力和终端容量需求时，银行可能听取专业人士的意见执行计划需要事先确定和处理许多密切相关的问题：假定银行想要为使用其他渠道设立接触标准，员工使用其他渠道为客户提供服务，例如，通过呼叫中心实现与客户的接触。这样一来，将避免因跨渠道标准不同，使用另一渠道的客户体验出现问题，导致削弱网点最佳实践效果。

另外，终端因故障停机将会打击客户使用自助服务的积极性。本指南假定因故障停机问题显然是一个重要不利因素，而无须进行深入探讨。

制订一个细致、专业的引导客户使用自助设备的计划，会降低柜台交易带来的不利影响。客户使用自助设备将为银行员工创造与客户进行随意、友好对话的机会，员工在对话中能够识别并创造有价值的、潜在的销售机会。

3.2 调动员工的积极性

最佳实践表明，员工遵守行为规范，熟练掌握各种设备的使用方法是促进客户参与的基础条件。应调动员工的积极性，并对其进行管理以达到促进目标客户的参与。

图 3-1　一对一的客户服务

3.2.1 促进客户参与

在如何引导客户使用现有交付渠道问题上，银行所持的观点各不相同。一些银行积极引导客户选择直接渠道办理业务。其他银行则为客户提供一系列可以自行选择的渠道。本节并不对任何一种方法进行详细论述，仅讨论如何在最大限度上促进客户参与。

采用家庭银行和手机银行服务的客户数量正在迅速增长，因此，客户对于目前银行提供的新一代设备并不陌生。但是，使用新渠道的意识还远未普及。

主动使用新设备（例如，平板电脑）的客户群体大多数具有以下三种背景之一：

未使用过手机银行设备；

在家庭或工作环境中使用过手机银行设备或其他在线设施，但尚未用来处理银行业务；

使用过高性能的自动取款机、自助服务机或台式电脑办理银行业务。

尚未使用数字银行业务的客户比例仍然较大，网点工作人员在促进上述客户群体了解数字银行和增加参与度方面应发挥关键作用。但是，想要转变这些客户的传统观念还存在许多障碍，客户不愿使用数字银行的主要原因包括：

漠不关心；

对新技术的恐惧；

不信任设备。

必须针对网点工作人员制订具体的要求，以确保银行对上述情形能够站在客户角度、保持一致地以专业的态度进行回应。对这些客户来讲，他们更注重银行员工是否服务态度友好，是否积极提供协助，是否具备专业能力。针对网点员工制订的严谨的专业培训计划的主旨是为了提高员工的工作效率及其向客户展示新设备如何操作过程中所体现的专业性。针对网点工作人员制订的服务战略要确保客户清楚认识到在网点公共区域为其提供服务的网点员工的角色正在发生转变。

成功引导客户使用传统自助服务的关键因素包括以下几个方面。

建立联系：这个因素涉及有效识别那些有条件使用自助服务和倾向尝试使用自动取款机或其他设备处理交易的客户。网点工作人员需要对客户使用具有说服性的话术，包括向客户介绍银行自助服务的一系列优势。

持续沟通：网点工作人员需要与客户持续沟通来保持客户关注度和好感。在帮助客户熟悉设备操作过程中，网点工作人员必须向客户展示专业能力和自信心，并完全掌握设备的使用和性能。若网点未将设备维修工作外包出去，网点工作人员还需掌握设备的一线维修知识。完成交易后，工作人员不仅要确保客户对交易的安全性没有疑义，还应与客户保持沟通，保证为客户提供持续帮助。这种情况可能导致某种程度上的员工岗位轮换或角色转变，然而只要有可能，通过帮助客户熟悉设备操作过程中与客户建立的良好关系将成为与客户进行持续对话的基础。

回馈客户：可以通过给予奖励的方法鼓励客户使用自助服务，如每发生一笔交易，银行均向慈善机构捐助一笔款项或与零售商联合提供促销产品。

一线维修外包：将设备一线维修工作外包出去，可以减少员工的维修任务，也可使员工有更大的空间与到访客户进行持续对话。

案例 6　爱尔兰银行的新概念网点实践

图 3-2　爱尔兰新概念银行网点

“如不能交付给客户惊喜，客户所收获的只有失望。”

这是爱尔兰银行在都柏林城市大学校园中打造的最新网点项目中所提出的核心理念。

在 2013 年 12 月 11 日的开业典礼上，爱尔兰教育部长鲁埃里·奎恩前来为这家新网点揭幕。开业至今，网点一共接待了都柏林大学的师生员工 15000 人次，此外还有 25000 名客户到访——对于都柏林大学的校园规模来说，到访规模与客户活跃度已经远远超过校园本身的能量。

在校园开设网点，主要是基于吸引更多学生前来开设账户，这有可能是他们第一个自己管理的账户，以完善的服务让他们放心成为爱尔兰银行的客户，在他们踏入社会后较不容易离开银行，以此建立更高品牌忠诚度。在网点的开幕典礼上，爱尔兰银行的首席执行官里奇·鲍彻说：“我们将继续在那些有潜在商业机会的地方开设新的网点，以此来获取更多的潜在客户。”

对爱尔兰银行来说，全国性的分支行网络的战略重要性是不言而喻的。打造健全的分支行网点体系，是爱尔兰银行多渠道客户服务策略的重要组成部分。为此，爱尔兰银行持续在网点的建设上投入大量的精力与资金，以确保在爱尔兰全境的250个市镇乡村中，都可以实现本地化的金融服务。

图 3-3　爱尔兰银行支行

“成为广受信赖的‘金融向导’，从校园延伸至城市其他角落。”

这家网点运用很多崭新的设计语言，并以此展现出网点在零售业务上的全新姿态，表明银行能够提供简洁流畅且灵活优质的金融服务。

全新的网点通过双折叠玻璃的设计来模糊网点的外观边界，使网点看上去非常通透，能让学生和客户在网点里面“信步闲逛”，这让它更像是一个学生聚会的地方。一个设计感十足的液晶屏幕墙设置在网点中间，这个类似“社交互动板”的大屏幕能让学生和工作人员现场访问爱尔兰银行所提供的与访问者密切相关的各种在线服务及产品。这些产品和服务包括爱尔兰银行在本校提供的运动达人赞助、数字公告板和各类校园竞赛，等等。由于采取了触摸控制技术，客户只需轻触屏幕，即可随意搜索、了解爱尔兰银行提供的各种产品和服务方案。当学生和客户在使用这个触控大屏时，任何的相关需求和疑问，都可以通过访问在线咨询室，网点的ATM机或单独的业务洽谈室完成。爱尔兰银行不仅为他们营造了非常轻松的环境，也配备了专业的客户顾问为客户服务。

图 3-4　设计新颖的爱尔兰银行网点

新设计的洽谈室布置了一些必备的装饰和舒适的现代化设备，包括咖啡机和介绍银行相关产品及信息的液晶屏。未来，这个洽谈室还将成为举办校园俱乐部和学生社区会议，讨论学生的年终论文以及其他银行项目的地方。爱尔兰银行希望通过这样的空间设计与功能体验，为学生人群和本行客户提供更多的价值。

这个设计不仅让客户更容易从网点的外观上辨识出爱尔兰银行，打响知名度，也使得客户的工作与生活比以前更加便利。客户可以选择自己最舒服的方式，或者是直接上门，或者是电话沟通，来获得银行提供的各种服务。

图 3-5　具有前沿的概念性网点

在设计上，由于地处满是学生与老师的校园，网点的整体外观与感受进行了极简化处理，非常具有当代性，洗练又摩登。简单的混凝土抛光外墙和漂色处理的木板，营造出简洁利落的外观造型，也构建出一个温馨舒适的环境。爱尔兰银行希望通过这样的设计语言，呈现出一种更为现代知性的风格，与大学校园的时代感相区别。

都柏林城市大学的校长布莱尔·麦克雷思评论说："我们非常高兴爱尔兰银行在我校建立前沿的概念性网点。这家网点的设计理念与都柏林城市的创新文化高度契合，也将给我们的学生和员工带来更大的资源和便利。"

3.2.2 激励员工

积极的工作态度是成功推进转型项目的先决条件。经验表明，项目开始时若无法得到员工的支持，则可能严重影响项目的实施和完成。银行制订的工作目标和激励措施可以提高员工的积极性。其中工作目标对转型项目进行明确的阐释，采取激励措施不仅表现为对员工做出的突出业绩进行奖励，也在展示银行在此方面做出的承诺。

一些银行在推进转型项目之初使用派遣制员工。银行应保证这些员工达到专业素质要求的标准，并具备良好的人际交往能力。比如，在网点配备数字服务专员（Digital Ambassador），协助员工在使用先进技术时能够向客户展示更加专业、更加自信的状态。设立这一岗位的用意是促进那些年轻的并能够熟练掌握数字技术的员工为年长员工提供协助。最成功的转型项目总是始于设立激进的工作目标。从工作目标中可以看出，银行试图彻底改变网点运营模式，网点工作人员应理解其在转型项目中应扮演的角色。因此，银行应着重考虑员工关心的敏感问题和个人理想。

随着越来越多的客户开始使用自助服务设备，对银行人工柜台的需求将随之减少就是一个例子。布放新设备将直接对银行能否获得员工的理解（如果并非同情）产生影响，银行应确保员工支持转型项目，在与客户接触中能够保持积极态度。

网点负责人的一个主要工作目标是确保网点内供客户使用设备的高度可靠性。缺乏工作动力、缺少工作热情的负责人将使所有网点工作人员的努力付诸东流。显然，达成某些工作目标的大部分工作将分配给网点的前台员工，比如，前台员工每周执行设备展示工作的次数。

确保成功引导客户使用自助设备的其他指标包括以下几个方面。

利用网点数字银行渠道的客户数量：此类指标中最基本的衡量标准是持有能够进行自助服务交易银行卡的客户数量。

使用网上银行和手机银行的客户数量：这个指标充分显示了网点内数字渠道的使用频率。

围绕具体相关交易方式转变的指标：办理现金取款业务转移的传统方法也将被用到办理自动存款业务转移中去。其他可以使用数字技术替代柜台交易的业务包括支付账单业务，查询余额业务和更新支票簿业务。

上述所有指标都被视为网点转型过程中市场领先银行所采用的关键指标。对这些指标进行跟踪监测是为了能够影响和促进客户使用自助设备处理交易。上述指标也成为转型项目的题中之义。

员工引导来访者 / 客户使用新渠道的效用——一个重要的衡量标准就是成功引导第一次使用自助服务客户的数量。要达到这个目的，员工需要在客户习惯银行排队系统之前，将客户的注意力转移到自助服务上来，并确保目标客户存在从传统交易习惯转向使用自助服务的可能性。在这里，交易类型的重要性不言而喻。

接受设备操作展示的客户数量：这个指标对于持续推进自动取款机的应用具有重要作用。随着网点不断宣传和推广新数字渠道的使用，示范设备的重要性也随之提升。示范机或虚拟自动取款机将发挥作用，客户需要使用设备时，设备上的标识可以显示该设备是否可用。

每个周期内的营销成功数量：应保证与网点员工的每次交流结果都能使客户满意，员工与客户交流也能够判断是否存在潜在营销机会，这也是业绩最好网点内员工的工作目标。应对工作人员进行培训，使其能够更快地识别营销机会，在不破坏与客户的交流基础上，顺利地将营销机会移交给负责产品销售的同事。

设计网点时须考虑为工作人员建立轻松的与下列客户进行互动的环境，包括浏览型客户、到访客户和到达目的地需穿越网点的其他来访者。就这一点而言，有效的办法是设计一个能够稍稍打乱直接进入传统网点业务区的常规布局，例如，模糊设计柜员所处的位置。

实现具体目标需要利用能够对整个过程进行有效管理的信息流和报告机制。这种机制包括对网点工作人员参与度的常规报告程序。在比较不同网点运营业绩之时，这种具有客观标准的机制能够发挥重要作用。

案例 7　银行物理网点的“重新定义”

废弃的机器加工车间可以被改造成酿酒坊；老火车站亦可凭借网吧的身份获得第二次生命；若将海运集装箱拆分成不同尺寸的小房子，组合起来，也能创造出令人瞩目的办公大楼……

上述改造，可以称为“重新定义”，也可以说是整合功能再利用。我们将其解读为，根据客户不断变化的喜好，制订出相应的解决方案予以响应。同理，金融机构的经营者也需要权衡他们的选择，思考如何将一个老旧、效率低下的网点改造成吸引客户驻足的“利润中心”。

在银行网点的发展中，那些老旧的网点往往是在这样的背景下产生的：银行需要设置足够的空间给众多的高柜、私人办公室、文件柜以及其他存档室，方可进行日常业务操作。因此，过去的银行网点一般选址在地段好的中心区，且网点面积较大。

如今，随着客户开始逐渐使用网上银行和手机银行办理业务，网点交易量在过去的二十五年中持续下降。因此，网点可以在很小的空间内进行日常业务往来，从而实现开源节流。

当然，银行不能为了替代这些老旧、贬值的网点，而花费更多的成本去建造小巧、高效的网点，这样做亦是得不偿失的。银行管理层应当思考的是，如何以最佳的方式创造性地重新利用这些坐落在中心位置的网点，以方便那些期望与银行理财专员更高质量沟通、想更好地管理个人财务的客户。

欲使“枯木逢春，老树生新芽”，我们需重新构建老旧网点，将其设置为金融产品与服务的销售中心，然后以一个值得信赖的顾问身份去了解并满足客户需求。因此，银行若想取得成功，首先要做的是了解业务情况，进而才能推动转型。

找准问题

银行为什么要斥巨资去整合现有网点空间，创建新的销售和服务模式呢？要想回答这个问题，就需要我们在网点的功能性和设计决策层面上做出更多努力。

现阶段哪类客户需要来网点办理哪种业务和服务；未来将如何继续为

他们服务；如何建立新的客户群，并且扩大业务范围，加强服务；如何根据人口统计学来划分服务区域，满足客户期望值。这些问题都必须纳入银行的考虑范畴。

转换思维

与其在现有的网点布局上进行调整，不如打破思维定势，把一切推倒，从零开始想象如何利用网点空间。根据位置的不同，以及客户群的喜好等，每个空间都有多种可能性，比如，网点可以用舒适的卡座和自助服务中心替代高柜柜台处理日常业务。此外，银行还可以从其他金融机构和服务部门寻找灵感来规划网点布局。

那么，网点空间的利用需要遵循哪些原则呢？

1. 便利至上。

当客户前来网点时，可以做些什么呢？除了查看账户余额，他们或许还想在这里买张纪念邮票、收发包裹、办张礼品卡、享受一杯咖啡、购买或办理签证续签，或是与理财顾问进行更为高效的沟通。

2. 服务社区。

坐落在主要街道或社区中心的网点可以利用自身的场地，为社区活动提供会议区和活动室，从而与社区建立金融教育合作关系。

3. 一站式服务。

网点可以为保险公司、财富管理顾问和信托服务之类的商业合作伙伴提供额外的办公空间，通过这种方式，实现客户对全方位金融服务的迅速访问。银行可以同其他金融供应商一样，将自身定位为客户最值得依赖的顾问，从而积极帮助其实现财务目标，达到双赢。

帮助客户应对个人资产管理方面的挑战，有助于与其建立更密切的关系，并增强客户对网点改革成为金融中心的信心。此时，只要银行加大物理网点建设的投资，开设更为便利的远程服务作为辅助，网点定会成功地转型为可以提供全渠道客户服务的现代化网点。

改善体验

全渠道运营时代的客户服务体验，是衡量银行通过增加技术投入，是否能够增强跨渠道品牌标识的重要标准。

当客户在办理常规业务或网上购物等新型服务时，银行的网上银行及手机银行渠道，是否可以为客户提供全面的产品信息，让客户愿意登录账户并积极使用这种渠道？银行是否已经开始利用网点的智能柜员机、ATM机等自助服务设备去释放你的员工与客户，让他们能够一对一地进行更高质量的交流？银行是否配备了先进的辅销工具以及高效的员工调度制度，能够根据客户访问情况及时、有效地在系统内追踪并增加营销人员？

培训员工

在新的服务模式下，网点员工用在日常业务的时间会越来越少，更多是要指导客户围绕他们的财务目标做出决策。与此同时，员工将需要更多的时间来了解客户需求，并根据客户需求销售相应的产品和服务。

因此，除了不断增强员工的技能和产品知识外，销售技巧的运用也应该成为员工培训的一项非常重要的内容。

FMSI在2015年Teller Line研究中表明，自1992年以来，网点交易总量出现45.3%的滑坡，员工成本却增加了90.1%。由此可见，银行网点服务改革刻不容缓。

Teller Line研究通过对生产力的比较，证明了通过对员工的智能调度，可以降低劳动力成本，提高生产率。如2015年，社区银行网点员工平均每小时可以处理13.1项交易，信用社的员工平均处理16项。而据FMSI统计，使用员工智能调度软件后，排名靠前的十家银行的网点员工平均每小时可以处理 21.2 项业务。

为网点植入新的创意能够开拓银行客户服务的新视野，因为从本质上来讲，网点就是一家零售店。而作为银行的零售店，网点需要根据客户喜好和要求，提供高效便捷的金融服务。正如 FMSI 首席宣传官安东尼伯内特曾说过："通过预测网点即将发生的改变，我们能够推动银行对物理空间中技术、品牌、服务交付和人力投资等各项决策。对众多金融机构而言，客户体验集中体现在对网点内客户与银行家的高价值互动。因此，我们要充分利用这些机会推进客户关系的深入发展，与之建立信任，最终为客户创造收益。此外，还要逐渐减少传统的通过高柜排队处理业务的方式，为客户提供更高层次的服务。"

像其他那些"重新定义"的经典案例一样，网点也可以变成一个新颖且引人入胜的地方，让客户能在互联网大行其道的当下，仍愿意走进网点办理业务，并且认为这次网点的服务体验是值得的。

3.3 无障碍网点的使用和推广

促进客户参与的关键因素包括网点是否能为残疾人士提供访问便利和具备足够的运行能力。

3.3.1 为弱势群体和残疾人士提供访问便利

过去的二十年里，许多倡导性组织提倡所有客户在访问网点时所享受的便利程度应当是一致的，使得业内受到的提供无差别访问便利的压力一直在不断上升。因此，许多国家都将这种道德责任上升到法律层面。1990 年颁布的《美国残疾人法案》（*ADA*）是一部里程碑式法案，成为业界首部重要立法。在为弱势群体和残疾人士提供无障碍访问银行渠道的实务操作中，《美国残疾人法案》及多种其他措施设置了一系列规定。

起初，银行通过无处不在的自动取款机解决了上述问题。2002 年，总部位于英国的无障碍环境中心（Center for Accessible Environment）针对自动取款机的设计和布放出版了一套全面而实务的指南。出版物的题目是《使用自动取款机：英国设计指南》，该指南得到了银行、厂商和行业协会组织的好评，并经受住了时间的考验。

为使用自动取款机客户设计的便利操作解决方案也同样适用于其他客户服务终端。目前，采用先进技术的网点通过使用台式电脑屏幕和平板电脑提供自助服务，这些设备也是网点转型项目的关键组成部分。美国一家银行在网上银行兴起之初就预测到这种趋势，并在过去的十几年里主动针对提供便利服务项目制订详细的计划。这种具有教学意义的计划对新时代背景下推广屏幕—键盘操作模式具有重要作用。

主流银行在建立无障碍环境方面实施的新举措使残疾人客户对网点环境的要求变得更简单。上述新举措包括手指、手掌静脉生物识别技术和使用非接触式技术。

近期，美国银行家协会（ABA）发布了一个帮助成员单位在创建无障碍环境时应如何操作才能符合《美国残疾人法案》规定的指南。美国银行家协会的这份指南中重点关注以下四个方面：

理解每台自助设备的特性，知晓按照监管或组织要求为弱势群体和残疾人士建立无障碍环境的不足；

与自助设备厂商和服务提供商一道确定合规经营的成本；

通过建立内部管理计划来解决、优化和执行为达到合规目的所要采取的补救措施；

至少每年对计划进行重新评估，确保与最新的监管要求同步，确保充分利用所有新出现的机遇，尽管新机遇在开始时并不容易被察觉。

前文所述的四个方面针对自助柜员机用户现在和将来的需求提供了解决办法和一套完整的管理框架。该计划所遵循的原则和发展的实践也适用于管理其他面向客户提供服务设备。

其他国家也制订了内容同样严谨的实践指南，解决客户能够无障碍进行网点和使用网点内设施的问题。通常，立法实践都是基于为特定位置网点设计合理的、实用的解决方案。许多国家银行的位置都设立在设施老旧的场所之中，其中一些建筑物始建于 19 世纪或更早。银行需要了解所有用户的需求，并针对这些需求制订解决方案。

综上所述，最佳实践要求网点运营人员能够最大限度地利用现有的行业知识。世界各地的多个倡议性组织一直为提升残疾人客户的用户体验而努力奋斗。若网点能够加入这样的组织，将通过汲取组织经验和遵循组织的指导获得很大收益。除了应充分利用行业总体经验外，银行还应持续关注可能产生远期效益的新技术、新特性和新设施。

3.3.2 数字化转型的考量

了解网点柜员办理业务的数量、交易种类和交易时间将对最大限度发挥客户使用数字渠道的优势做出重要贡献。银行还须统计网点内非现金交易的数量和种类，及办理存取款交易一并进行的非现金交易数量。

网点自动取款机能够处理种类繁多的非现金交易，使得客户完成交易所需的时间与以往大不相同。同时，用户使用上述功能办理业务，花费的时间会更短。例如，印度一家银行认为提高取款速度是提升其竞争力的主要因素。因此，若自动取款机用户在处理交易时等待时间过长，则可能造成无法预见的后果。

需要强调的是，必须确保客户在排队使用自动取款机时不会出现因前方客户使用机器处理本可以用其他方式处理的交易而导致后方客户排队等候时间过长的现象。例如，自助服务机，平板电脑和台式机都可以执行非现金交易。这里需要将设备的数字容量、客户教育程度和转移技巧考虑在内。

在讨论数字容量这个课题时，我们建议网点积极寻求设备厂商和服务供应商的专业帮助，他们能够提供丰富的经验和数据搜集技术，并对个案进行专门分析。

了解客户行为模式，摸清客户在网点内的移动规律及客户如何处理交易是非常重要的。这些知识为精确计算是否需要保持或变化设备的种类和数量提供了基准线。

关于存款交易可能存在的疑问包括：

这类交易中有多大比例的交易可以很容易地转移到自助服务中？

考核网点投资是否合理，自助化转移需要达到何种程度？

立即或逐步减少全职柜员数量将产生何种影响？

应达到何种服务水平，如何进行比较和竞争？

在何种情况下客户会选择使用几台设备完成一笔交易，而这笔交易本可以通过在柜员窗口一次性完成？这会产生什么影响？

合理审视应用数字设施所需的投资额，是解决上述问题的答案。

案例 8　温市信贷的“生活实验室”

图 3-6　温市信贷全新的零售网点

经过18个月的研发，温哥华信用合作社（简称温市信贷）推出了一个全新的零售网点，新网点的设计一方面符合温市信贷的品牌愿景，另一方面也汇集了从其他分支网点汲取而来的经验与教训。

温市信贷是加拿大最大的社区信用社，拥有超过160亿美元的资产，提供一整套金融服务，包括消费金融、个人零售，企业银行业务和财富管理。

“这不仅是一次全新的网点设计”

温市信贷位于加拿大温哥华市，共开设58个网点。此次我们所看到的两家全新的网点，是温市信贷在已有的网点体系中挑选出来的，并依据温市信贷未来的发展策略，进行彻底革新的网点设计和独特的品牌定位。这两个网点分别为南本拿比和高贵林港，均在重新设计之后正式营业，并被温市信贷定义成自己未来零售业务发展的模板。

作为温市信贷的CEO，Rick Sielski强调说，这次的重新设计绝不是给网点换一个新的门脸和设备这样简单，而是彻底的品牌重塑。

“这两家重新设计出来的网点代表了温市信贷未来在网点转型上的核心方向，”他说道，“更重要的是，伴随着更多的网点开始进行改造，整个温市信贷的品牌形象与商业模式将变得更加现代、灵活。”

以前，温市信贷品牌理念跟大多数北美地区的信用联社大同小异：“帮客户进行最佳的投资，为客户带来最佳的回报”。但现在，还得加上这么一句——“温市信贷的愿景：建造更具活力的社区。”

Sielski说：“反观自己的成长史，我们发现自己脱胎于社区，成长于社区，并最终成为社区的重要部分，因此我们希望温市信贷的网点能够在物理层面上体现出自己的根源及基础。这次推出全新网点的最大目的，就是将我们的网点变革成一个社区中心，成为社区生活的一部分。”

图 3-7　温市信贷的网点

作为一个社区中心，温市信贷希望它的新网点能够提供更多空间，使“人才聚集，创意孵化，价值共享”。在筹备新的网点部署时，信用社给所有员工进行了为期半天的培训，其目的是帮助员工更好地理解品牌文化，以及品牌如何全方位驱动信用社的商业模式，使之进行全新的零售变革。

“我们希望在知道如何做以及做出来是什么这两个问题之前，先搞明白为什么要做。” Sielski 解释说：“客户希望看到一些不同之处，这些不同是不能单靠硬件堆砌来完成的，这就是为什么员工认同和参与是至关重要的。”

温市信贷在确定了其最新的零售网点发展方向之后，就开始寻找一块能将这些概念付诸实际的“试验田”。经过大量的网点数据收集和分析之后，温市信贷最终选定两个迥然不同的社区网点进行试点。理想状态下，温市信贷是希望有一家网点做全新的网点转型测试即可，但时间有些来不及了。最终，两个被选定的网点的位置达到了温市信贷的要求：两家网点都处在繁华成熟社区中，周围星罗棋布着多个小型地方商户，市民组织以及各种社区团体。这对温市信贷来说意味着巨大的战略先机。

图 3-8 温市信贷的“生活实验室”

尽管新网点原型设计项目从最初设想到完工仅历时 18 个月，但 Sielski 说这个项目代表温市信贷相当长一段时间摸索之后所达到的一次集中呈现。自 2007 年以来，温市信贷一直致力探索品牌与网点的革新方式，18 个月的努力只不过是最后的“临门一脚”。如果一切顺利，这一切也只是个开始。温市信贷已经将这两个新设计的网点作为银行、社区的“生活实验室”，也就是说，这两个网点将成为温市信贷的新理念、新产品、新设计的测试中心，并不断革新自己的零售业务发展思路和营销策略。

Sielski 说：“我们将测试这些新理念的应用效果。当我们学会并掌握这些新理念和新模式之后，我们希望可以将这些成功经验逐步复制到别的网点。”

礼品区

礼品区是在温市信贷在新网点中单独开辟的一个特别区域，用以方便本地商户和非营利组织通过发放宣传册、优惠券或是他们销售的产品的样品，以增强同社区的联系，增加与客户互动的机会，让客户了解到本社区的商业或社团故事。这个区域为那些商业团体或社区团体提供一个完全自主的展示空间，让他们可以激起共识，并建立联系。温市信贷已经与一些非常有特色的商户建立了合作关系，将网点的空间提供给他们进行展示，每次展示为期 3 ～ 4 天。现在已经有很多商户在排队。

很多人可能会问，这个区域是不是只有银行的客户才能进来？答案是否定的，温市信贷将礼品区向所有人开放。尽管银行的客户、参展商户的会员享有一定的优先权，但温市信贷还是非常欢迎任何个人和组织前来体验、布展。

设置礼品区是个很棒的想法。因为在温市无处不在地彰显品牌的同时，他们也给本地商户提供了一个免费的营销机会。更特别的是，如果信用社希望建立新的商业金融关系，或是两条路并驾齐驱的话，礼品区这种模式对两者皆有利。

社区“舞台”

所谓的社区“舞台”，指的是温市信贷在网点提供的免费会议空间，方便社区内的大小团体使用或是举办 8 ～ 14 人的聚会。这个区域设置了一个联网的大屏平板电视，还有对应的电脑和无线网络。当然，温市信贷不准备把这个设计推广到全部网点去。Sielski 说，社区“舞台”的设立与否，完全取决于网点所在社区的特点与需求。

智囊团

智囊团是一个专门设计出来的小型独立空间，用以进行更私密的会谈或头脑风暴。这个空间向小企业主、非营利组织，以及那些期待与资深财富管理专家沟通的客户开放。

图 3-9　私密的智囊团小空间

网点其他特色

两个网点都安放了一个由本社区艺术家制作的，以反映和诠释当地社区文化为主旨的大型艺术装置。在新网点的营销流程中，没有任何直接针对产品的营销。温市信贷给网点配置了三个电视屏幕墙，滚动播放关于社区新闻、网点员工介绍以及近期产品介绍等信息。

第四章

银行网点的现在和未来

随着技术开发和技术融合的不断发展，愿意使用新技术的网点正在享受新技术多功能性带来的益处。

4.1 网点存在的价值

网点必须是这样一个地方：能够吸引其目标客户，并且能够加深银行和客户之间的互利性关系，还将为在社区内进行宣传和参与社区事务提供平台。其他类型的网点将不断涌现，如店中店，这些新型网点通过应用新技术可能会强化自身的效用。

本章将讨论的是，网点已经满足前文所述的两个目标。本节第一部分关于网点的看法是根据全球零售银行产业的最佳实践提出的。每个主题所讨论的网点应具有的特点并不全面，但对这些主题的讨论为我们呈现了目前银行在网点转型过程中所做的努力。未来的网点将利用市场上的技术来创造最大的价值。在实践中，每个市场对于技术的利用程度是有区别的。

本章介绍的运营经验、原则和最佳实践表明，在将客户转变为盈利用户的过程中，网点起到了最突出的作用。

一般认为，尽管相对数量较小，但是其他类型的网点存在相关性，本章“4.5 专门网点类型”就讨论其他类型的网点。

随着技术开发和技术融合的不断发展，愿意使用新技术的网点正在享受新技术多功能性带来的益处。通过平板电脑为客户和员工提供多功能服务仅仅是一个例子，这将对网点产生更加深远的影响。因此，“4.6 未来银行网点”将阐述未来银行网点的关键特征。

4.2 创建客户和社区的最佳目的地

在创建网点过程中，一个必备条件就是满足目标群体的需求、期望和价值。网点必须为客户提供舒适的交易环境，同时在可承受的范围内迎接创新带来的激动和挑战。

图 4-1 BBVA（西班牙对外银行）

4.2.1 创建良好的营业环境

创建良好的营业环境，应确保目标客户群体体验到宾至如归、舒适无比和备受尊敬的感觉。保护客户隐私和提供无障碍环境可以帮助实现这个目标。

精心摆放商品的明净的玻璃窗可以使客户清晰地看到网点的内部情况，并减轻客户进入网点的心理障碍。另一方面，某些网点对高安全级别的要求会产生不利影响。使用武装警卫和双锁门就是产生不利影响的例子，在对主要网点进行重新设计时，应重新考虑上述两个安全设备的使用问题。

最先与客户直接接触的工作人员应热情友好，并向客户表示出乐于提供服务的态度。这些人员的态度和姿态决不能成为阻碍客户访问网点的原因。

当客户第一次使用网点屏幕设备时，通过面部识别技术、生物识别技术和与客户自有设备的互动，例如手机、平板电脑或银行卡，将激活欢迎信息，银行系统向工作人员的台式电脑或平板电脑上发送经过个性化定制的营销信息。网点工作人员、网点屏幕欢迎信息均应使客户感受到他的到来和将进行的交易是受到网点重视的。

排队系统不能将到访者视为号码。在屏幕上显示用于提醒客户该工作人员是否可以办理业务的信息，不得泄露客户的姓名。应确保所有自动取款机和其他设备都配置当地主要语言。

网点物理环境的设置和家具 / 装饰应尽量体现轻松的氛围（这也能反映出品牌的特性）。网点摆放的家具应为工作人员和客户的对话创造良好的氛围。例如，接待客户所使用的桌子和座位的摆放位置应以圆形或椭圆形设计和摆放为最佳。台式电脑可以摆放在能够与平板电脑一同浏览的位置，在讨论中可以配合使用。

网点内的设施应保证客户与员工能够开放、自由地交谈，或为客户坐下接受咨询服务提供位置。如有需要，网点还应能够为会议提供完全私密的空间。文化的不同，对于保护隐私的态度就不同，但可以肯定的是保密性已经成为金融服务的关键属性，工作人员应主动为客户的隐私保密，而非在客户要求保密之时才被动保守秘密。在某些情况下，只有在被询问是否要求隐私保密时，客户才会考虑到这个问题。许多银行都安装了电视或视频娱乐设备，最佳实践给出的建议是不要在视频娱乐设备上播放与该银行或其产品有直接或间接关系的节目。

设有儿童乐园的休息区为客户提供放松的机会，可以在此区域阅读报纸和杂志。休息区可以布放有声数字电视通信设备，网点其他区域内的这种设备应设置为无声。客户等待办理业务或等待与咨询顾问会面时都可以使用上述设备。不办理任何业务的客户，也可以单纯进入网点休闲或休息。

儿童乐园区为来访者子女提供娱乐设施。将子女留在儿童乐园区内，来访者可以去办理银行业务或者在休息区享用点心。最佳的儿童设施应配备大量的玩具、游戏和玩耍台。可在儿童乐园区内设置婴儿更衣设施，银行也可以雇佣一名尽职的儿童看护工作人员向客户提供儿童看护服务。

另一种方法是在网点营业时间内提供休闲和酒吧设施，客户可以在此购买食品和饮料，路过网点的其他人员也可以进入网点进行消费。这种情况下，网点工作人员通常不用引导客户进入休息区，除非客户有意向消费或者事先预约。

来访者可以在休息区购买蛋糕或热食，也可以购买酒精饮料或软饮料。可以由银行员工提供这种服务，也可通过第三方服务企业提供。由银行员工提供休闲服务时，员工可以与来访客户进行有营销意义的对话，这是第三方机构人员无法做到的。后一种办法的典型操作就是将该服务交由连锁咖啡店。客户可任意阅读网点提供的书籍和杂志。这种类型的设施还应包括儿童乐园区。通常，网点也为来访者的宠物提供点心。在入口放置宠物食品和饮料供宠物食用。占地空间较小的网点可以配备小型休息设施。

“4.2.2网点市场细分”主要探讨市场细分网点的角色及其配备的设施，进一步讨论如何打造使目标客户群体产生宾至如归、舒适无比和备受尊敬的营业环境，同时深入探索客户需求和预期，实施专门子网点策略和网点策略。若目标受众对网点提供的设施感到满意，则表示网点已经成为具有吸引力的目的地。

大众市场定位网点的成功归功于银行特别设计的零售模式，在这种模式下目标群体将会很舒服地与银行发展业务关系。广泛利用高性能自助服务设备是取得成功的关键因素之一，另外一个重要的成功因素是使用训练有素的工作人员，一改以往银行员工穿着正式工装的形象，新型工作人员穿着比较随意的服装，能够用不同的语言与客户交流，能够提高客户的理财意识。目前，为中小企业客户（SME）提供服务的行业领导者，开始给予这些客户更多支持，包括提供专门的网点设施。

图 4-2　高性能自助服务设备

4.2.2 网点市场细分

对网点进行细分，可以为不同的目标群体提供差异化的服务设施和服务水平。网点提供的差异化服务体现出目标群体在银行业务、潜力和需求方面也各不相同。

在全球市场不同领域中，享受专门网点设施的主要客户群体包括：

高端客户；

中间市场客户；

女性市场客户；

年轻人市场客户；

移民客户；

大众市场客户；

中小企业市场客户；

企业雇员客户。

4.2.2.1 高端客户

研究（结合经验和竞争）带动了新一代银行客户优先策略的发展。网点经过市场细分突出了自身的服务特色，以满足目标群体（按照合格标准定义）的需求和预期。这些策略通常也包括仅限高端客户进入的网点内部专门休息区。

图 4-3 网点贵宾服务区

应在宽敞、舒适的环境中为高端客户群体配备高端设施，确保区域内每个功能单位都设置单独的自助服务设备。客户可以随时享用点心，并将这些视为专门为其提供的服务。应设置专职客户经理，并能通过视频系统与他们联系。

客户在贵宾区可以使用的其他资源包括国际银行和财富管理服务。旅行客户可以在国内其他网点或境外网点享受贵宾区服务。若网点空间较小，或贵宾客户较少，则无须配备全套休闲设施，银行应设置类似风格的专门区域或工作站。

案例9 维珍银行的休闲服务网点

你对银行的印象是什么？

冷冰冰的取号码机，机器人声广播，高高在上的柜台，深藏在玻璃背后的专员，午休时永远散不去的人龙。除了夏天超强的冷气，一般来说，银行没有其他吸引人主动前来的特色。

你偶尔路过银行所能看到的也不过是银行的各种宣传板、自动设备以极其兴奋或夸张的语气对你轰炸重复的信息：小额贷款、优惠利率、联名活动、限期优惠、积分礼品兑换……而你的双脚疲累，手机没电，沮丧无奈，银行却拒人于千里之外。在人们的印象中，来银行的目的多半是处理财务问题，而不是过来寻求片刻轻松的。但若能有一套舒服的沙发，一杯温热的咖啡，几份流行的报纸期刊，免费的高速网络，充实的咨询，若能这么舒服惬意，客户自然会络绎不绝，银行也不需要在电视或平面广告上大做文章吸引客户。

图4-4 设计新潮的维珍银行

危机便是转机，虽然金融不景气让许多银行纷纷裁员、关闭一些分支网点，然而对维珍银行（Virgin Money）来说却是一个转变的开始。在国际知名设计咨询公司的帮助下，维珍银行成功打造了一种新的银行经营方式。

位于爱丁堡、诺威治、曼彻斯特和伦敦的四家“休闲银行”陆续在这两年开业。这四家风格新潮，文艺气息浓厚的沙发银行和一般银行的格调大相径庭。乍看之下比较像艺廊，或是高档饭店。

新网点最主要的经营理念在于替顾客打造惬意舒适的理财环境。以会员制的方式管理，让民众成为会员后，便可随时使用沙发银行内的所有设施，包括会议室、咖啡馆、书报室、餐厅等。会员可以自带笔记本或平板电脑，来到休闲银行办公、开会、招待自己的客户。除了免费上网和饮品，银行的理财专员随侍左右，若有理财投资需求便可迅速解决。与其主动以电话专员争取客户令人受扰不快，维珍反其道而行，以相对被动的姿态网罗更多客户的信赖与好感。

室内鲜明的色彩搭配和维珍集团的品牌形象如出一辙，经典的红、黑、白色彩组合加上大量玻璃与花纹镜面的搭配，体现出维珍集团永远引领潮流的“流行”形象。简约的家具线条以及不可或缺的沙发元素展现了银行整体的设计品位深度。艾伦国际如施魔法般打造出一种身临其境的舒适感，让客户走进银行的瞬间，便被专业、舒适的氛围包围。

图 4-5　维珍休闲银行

近期，维珍银行开设在皮卡迪利的新网点坐落在伦敦的心脏枢纽。卓越精湛的设计提供了完全舒适放松的空间。每家维珍休闲网点都有独特之处。伦敦新网点的最大亮点，就是设置了“空中走廊”，完全按照维珍航空头等舱的设备和服务来打造，客户可以在这里体验维珍航空头等舱的服务，使用飞机座舱中的所有娱乐设备。维珍银行还把网点的电话间设计成伦敦的红色电话亭的经典样式，增加了网点的地域特色。

维珍休闲网点提供免费的零食和点心，iPad 体验和 WiFi 接入也是全免费的，网点还有电视机播放最新的新闻，陈列着最新的报刊。如果有小朋友前来网点，维珍也为他们准备了玩乐的设备。除此之外，维珍银行还免费提供独立的工作、会面空间给有需要的客户，这是维珍银行力图打造更和谐的社区关系而努力的一部分，除此之外，维珍银行还把空间开放给社区的各种活动、慈善募捐等。

开业至今，伦敦的这家维珍休闲银行的客户反馈非常热烈。这是维珍银行在英伦三岛开设的第四家休闲网点，其他三家分别位于爱丁堡、曼彻斯特和诺维奇，在 2014 年，维珍银行也会在更多地区建设休闲网点。

4.2.2.2 中间市场客户

零售银行业的核心客户群体是中间市场客户群体。大部分网点主要为该群体提供服务。该群体包含许多不同的细分子市场，包括最年轻的客户群体，以及逐渐进入更加稳定的人生阶段的年长客户群体。中间市场客户结构的多变导致网点转型时应采用范围最广的项目设计模型。通常，这个客户群体一直在享受更加优质的网点环境，网点为此客户群体提供的便利环境包括：

市场领先网点配备全套的传统自助服务终端，辅以最先进的其他设备，包括平板电脑、视频银行和数字交流屏幕；

由于所有现金和支票交易都能实现自动化，人工柜台将不断减少，并最终消失；

银行正在将网点打造成人们的理想目的地。网点欢迎越来越多的不在网点办理业务的客户使用网点的各项设施。

4.2.2.3 女性市场客户

加大对女性客户市场的关注体现在不断建立客户专属区域或提供其他相关的细化服务，包括更加关注网点人力资源属性。很多因素促成加大对女性客户的关注，包括尊重宗教原则的历史需求。

专门针对女性客户偏好设计的网点和功能区正在遍地开花，这也是未来网点应具备的特征：

为女性客户配备全套的面向客户技术；

更具时尚风格的等候区，备有饮料和无线网络，也可在附近设置有吸引力的家具、玩具和电视的儿童乐园区；

根据对当地市场偏好的调查结果，任命男性或女性为银行客户关系经理；

客户关系经理需具备高素质的专业能力和人际交往能力，并能够取得女性客户的信任。

4.2.2.4 年轻人市场客户

仅有少数发达市场中的银行开始重视年轻人市场及其长期的潜在价值。在新加坡举行的公开比赛，某银行为年轻人提供设计自己偏好的网点的机会。另外一家银行则开展深入研究年轻人的生活方式和生活态度的活动。

根据研究结论，专门为该客户群体设计的新型网点，与其他网点风格迥异：

网点配备最广泛的数字渠道，且采用面向客户技术而对人工柜台的需求大大降低；

新型网点配备更加年轻的工作人员，他们对使用新技术具有超强的工作能力；

图 4-6　符合年轻人喜好的新型网点

客户可以主动进行浏览、发现、开户和完善账户信息操作；

交易凭条、交易记录、票据、营销材料和其他有趣信息将以电子邮件形式发送给来访者；

全方位数码设备中的触摸屏台式终端也可为客户提供财务规划教育课程。

4.2.2.5 移民客户

由于政治和经济的不断发展，出现了大量的国际劳动移民，许多市场中这种现象还在继续加速。网点已经开始研究对这类特殊群体应提供何种服务，例如，居住在英国的东欧人口。这个客户群体通常被视为能够带来宝贵的商业资源，在他们进入网点或专属区域后将由能够用母语与其对话的网点工作人员提供服务。

4.2.2.6 大众市场客户

在具备可行性的基础上，对如何将大众市场客户带入银行系统的方法的探索已经持续多年。在这期间，许多政府也为拓展本国的金融包容性做出努力。对这个市场客户的研究结果，使银行业对这个群体的需求有了更深刻的理解。

维护大众市场客户的一个关键因素是，提供不被客户视为劣质的服务，而且提供这种服务不能有损银行品牌形象，还需要吸引不同年龄层和来自不同种族背景的客户。通常，需要告知这些客户银行在销售哪些产品，还需教会客户使用银行渠道的方法。

行业领导者一直致力设置专门的网点和大堂。通过高度自动化的网点设备或直接渠道，使客户能够进一步了解银行产品。全方位数字渠道的高性能自动取款机的使用，为银行提供了以更低的交付成本操作低值账户的机会。

4.2.2.7 中小企业市场客户

服务中小企业客户群体面临的挑战在于这些企业在背景和规模上呈现出的多元性。普遍将拥有 1 到 10 名员工的企业划分为小微企业，中型企业最多拥有 250 名员工。当然，一些银行对上述企业的划分也有自己的标准。

对这个细分市场行业内的客户提供服务的基本要求包括综合的高性价货币传输服务，关系管理支持和客户教育。致力满足行业内特殊需求的银行，已经为中小企业客户推出休息区设施和其他网点设施。

研究表明建立商务休息区是对客户的有形承诺。发展成熟的、设施完善的商务休息区通常提供一系列免费服务，包括：

配备接受过良好商务培训的柜台工作人员；

自助服务和其他数字渠道的组合产品服务；

提供无线网络，支持客户使用网上银行、研究功能和其他目的；

设置与客户或其他组织会面使用的单独房间；

设置商务图书馆；

配置复印和传真设施；

提供茶点；

配备现场商务经理。

无论银行是否为中小企业客户设置专门休息区，当地企业都可以预订或使用网点内的办公室处理工作或与其客户、供应商进行会面。这些企业也可能会看中网点提供的网络连接服务。为方便当地企业相互联系而专门研发的社交网站是银行为该行业提供教育功能和支持功能的一部分。

一些网点专门为企业客户提供服务（尽管这样的网点不会将个人客户拒之门外）。罗马尼亚一些中小企业的企业家们成功创立并开设了属于自己的银行和零售银行网络，并且已经成为当地市场的主要力量。

4.2.2.8 企业雇员客户

许多银行在雇主客户的工作地点开设分支网点，通常这种做法是传统网点渠道战略的辅助策略。一些银行将目标锁定在企业的办公地点，特别是大型企业的办公地点，将这种战略的实施作为打入市场的替代手段。使用上述战略的机构可能是新型银行或其他市场中试图打入其尚未涉及领域的享有盛名的市场参与者。

支持这种策略的典型分支网点结构是自助服务微型网点，其中网点工作人员参与营销并提供服务。更恰当的说法应该是小型高科技网点，典型现代办公地点分支网点应包括：

一台自动取款机；

与呼叫中心连通的视频电话；

提供浏览、开户和服务功能的互联网银行终端。

配备上述设施的网点应以服务或营销为目的，为预约时间来访的客户留有位置。许多国家的企业办公地点已经配备这个战略中拟定的网点设计，包括大型写字楼、工厂和船厂。

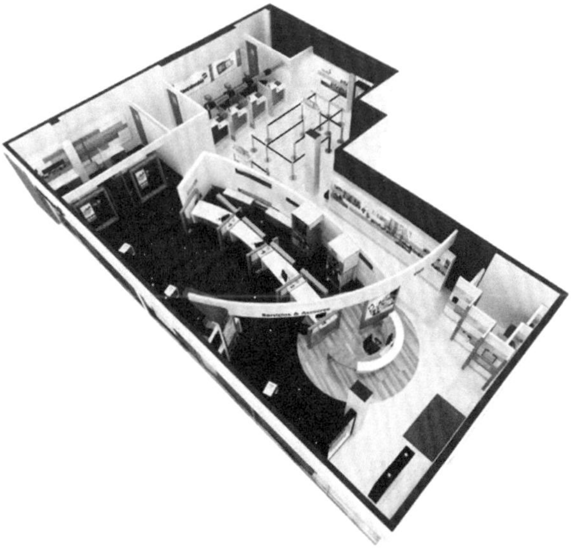

图 4-7　新型网点设计模型

4.2.3 网点设计和设施

网点的设计和设施应能够刺激并使客户有所期待，让客户在网点办理银行业务时能够体验到宾至如归的感觉。

最新一代的零售理念包括新兴的数字网点，这些网点将大范围的新型银行渠道呈现在全然不同的网点设计中。客户群体对这些设计的反映截然不同。一些客户易于接受网点新型环境，并很快在办理业务时使用新的自助服务渠道。另外一些客户或来访者可能对新型网点的设计感到陌生或不适应，在使用这些新型渠道时需要帮助和指导。

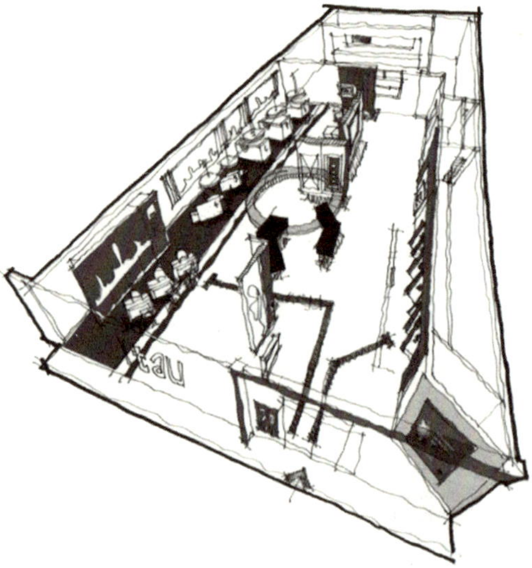

图 4-8　新型银行的网点设计

最佳实践建议，未来银行网点应具备先进的网点环境设计，还应配备全方位的面向客户的服务终端。但是，未来网点的建设需要经历一个过程，以保证其所有目标客户群体都能接受这种改变。研究显示最终可以接受新渠道的群体对使用新渠道存在困难，所以须采取渐进的转变方式。

未来网点的许多新特性增加了网点的吸引力，并能够使网点成为最佳客户的目的地。具有大型店面或空余内部空间的网点，提供的其他零售服务不应与银行自身利益或银行品牌定位发生冲突，这样一来，其他零售服务将进一步增添网点作为最佳目的地的独特魅力。举例如下：

为当地知名咖啡品牌预留空间；

为移动电信公司设置销售展位；

设置报刊展位。

网点内增设著名零售品牌的小型店铺被证明能够吸引很多来访者。人们可以在网点正面识别零售品牌店铺，也可以通过橱窗看清网点内部的设置。这样的设置可以为客户建立一个更加轻松的环境，也可以延长来访者在网点内停留的时间。以往不会因为办理业务而进入网点的人，可能通过在小型店铺消费的机会而选择接受店铺所在银行网点提供的金融服务。

银行经营的零售店可能会不时地变换品牌，会定期提供一个完全不同，但是同样吸引人的零售品牌。

为年轻市场客户设计的一种网点形态是，建立一个高科技的银行营业厅，并鼓励所有来访者在数字墙上留下各自的印记。银行营业大厅配置装修精良、具有休闲风格的区域供年轻人举办活动或举办研讨会。年轻客户也可以为了社交或商业目的与他人建立网络联系。游戏、视频和文章对数字渠道交付功能具有补充作用。积极地利用休闲设施为银行探索如何成为客户选择的最佳目的地提供了路径选择。

案例 10　ING 直销银行在多伦多的“咖啡银行”

图 4-9　主打咖啡概念的旗舰网点

ING 直销银行在加拿大多伦多市中心开设了一家三层楼高的、令人叫绝的主打咖啡概念的旗舰网点。这家旗舰网点的建筑本身历史悠久，但 ING 对其内部重新装修和设计，把它打造成在加拿大境内最大的一家具备开放式空间的城市旗舰网点。总体来看，这家网点的工业设计和视觉效果独具特色，具有非常鲜明的工业美学色彩。其特殊的风格设计，也使得这家网点成为当地颇为热门的参观目的地之一。

作为网点的主要元素之一，整个一楼参照了相当多咖啡厅的设计元素，很多功能分区也都是按照咖啡厅的模块，而非传统的银行网点。人们可以来这里聚会消遣，享用免费的无线 WiFi，并可以以折扣价（如果你是 ING 的客户）享用咖啡和其他多种饮料。当然，如果你有需要的话，ING 的员工也随时可以解答有关银行产品和服务的问题。为了保证客户的体验，ING 都没有在网点内安放任何传统网点的高低柜设备，所以员工只能解答问题，无法获得客户的具体数据，也就很难达成任何实际的交易。为了解决这个问题，一般网点的员工会带一个 iPad 在身边，如果客户有需要，他会引导客户直接在 iPad 上完成相应的交易。

为了营造更为舒适清新的风格，ING 甚至在一楼一角开辟了一个小型的植物墙。这么多年来，这是我第一次在银行的网点里面见到这样的新颖设计。仅有突破性的格局设计还不够，在一楼的空间支持下，ING 直销银行每个月都会与本地的合作伙伴开展各种类型的公益活动，并把相关活动的收益捐给当地的慈善机构。

二楼被称为“橙色网络”，是为商务人士、企业主打造的主打科技、共享概念的办公空间。这里配备了三台LED电视、可进行网络研讨会的视频系统和数字白板等高科技设备。此外，还有一个可容纳40人的大型会议室，这个会议室向多伦多的社区团体、学生组织、非营利组织、头脑风暴小组、读书会以及“企业家会议”等免费开放。相关组织或社团仅需在线预订，就可以来这里举办活动。为了方便各种组织和社团的活动，ING在二楼配备了几位签约的临时工，工资按天结算。当然，这个空间也是非营利目的的，所有的收入都将捐赠给本地的慈善机构。

图 4-10　ING 银行的“橙色网络”空间

三楼是不对外开放的，是 ING 直销银行多伦多分行的呼叫中心。

“就像我们 14 年前率先开始设计并运营的直销银行模式一样，这家主打咖啡概念的旗舰网点，重新定义了银行的角色和作用，并认可了我们在现代社会中对于银行技术和服务态度转变的思考与摸索。”ING 直销银行加拿大总裁兼首席执行官 Peter Aceto 这样说道：“我们突破了银行传统的网点运营模式，而在多伦多市中心建立了这所独具特色，主要以社区服务为中心的新型网点模型。对于这一突破，我们深感欣慰。”

多伦多市中心的这家网点是 ING 直销银行在加拿大开办的第五家主打咖啡概念的旗舰网点。此外，ING 直销银行在温哥华，蒙特利尔、卡尔加里和北多伦多也开办有较为小型的 ING 咖啡馆。在美国，ING 咖啡馆的建设已经成为常态。

4.3 品牌及附加值

沟通战略和品牌设计必须代表并能够向客户及非客户投射品牌战略。网点设施应为包括目标客户群体在内的所有来访者提供相关价值，促使网点成为更具吸引力的最佳目的地。为提高网点价值和吸引力，使其成为社区内的最佳目的地，21 世纪的银行网点还有许多事情要做。

4.3.1 品牌

从客户和来访者第一次进入网点开始，他们就能体验、感受并且注意到银行所展示出来的品牌形象。

第一章中“1.2 为何实施网点转型”讨论了网点转型的四个基本目标，如何诠释和投射品牌形象就是其中之一。网点利用很多途径去完成这一目标，因为这仍是零售银行的主要品牌大使。

未来的网点将在高度竞争的环境中运营，在这种环境中大部分产品调查由消费者在网上进行。消费者购买商品和服务的过渡时间将会很短，行业在价格驱动的基础上为这些在线商品和服务提供担保。

银行业已经开始认识到成熟的品牌所承载的价值将会产生品牌共鸣和品牌区分度，这也是通往成功的关键因素。在某些市场中成熟的品牌效应已经发生作用。

人们接近或路过网点时，网点的外观必须令人过目难忘，并且能够向客户传递银行的品牌形象以及展示网点的配置设施。网点的沟通战略应从以下三个方面实施：

网点基本信息，网点配备的设施，营业执照和证书；

推广产品和服务，包括熟悉新型银行渠道的机会；

银行的品牌属性。

银行向客户正面推广自身优势及其价值的需求已经成为积极实施品牌区分度战略的基础。所有的沟通形式都取决于相同设计标准和品牌形象，并且应与品牌价值保持一致。将上述原则付诸实践能够吸引目标客户和社区的关注，专业营销人员是执行这项实践的最佳人选，他们的沟通技巧非常丰富。

适用于外部沟通的方法同样适用于网点内部沟通。对网点环境的感官反映极大地影响着来访者对网点的印象。越来越多的银行开始认识到为客户提供积极的情绪及感官体验的必要性。

客户的视觉体验可使用灯光和颜色进行调节。表面材料的材质须能够反映银行的品牌形象和相关区域的功能。24 小时营业厅可以用强光和硬表材料装饰，柔和的灯光和更加舒适的材料则使客户与工作人员在进行互动时更加放松。

银行应重点关注网点内摆放的家具、地板、墙壁和天花板的材质。背景音乐、特定区域如客户会议室使用的芳香剂，都能够提升网点格调。一家采用感官营销技术的银行得出的结论是，咖啡的香气能带来愉悦和自然的体验，还能够向客户传递温暖和放松的感觉。

网点提供的饮料和零食的品质能够体现银行的品位。必须对感官营销策略进行测试和管理，保证达到精确地传递银行的品牌价值的效果。

客户和来访者的认知还受到其他因素的影响。在网点内部放置墙面花圃，散发当地郊区的芬芳气息，以及符合当地人偏好的设置，将对诠释积极品牌形象产生巨大作用。

不论交易的性质如何或使用何种设备，客户将以自助服务的形式办理其大部分的银行业务。客户关系管理系统将在与客户的接触中为网点努力开拓各种商业发展机会。

除了上文讨论的基本品牌形象，与客户交流信息也可以直接或间接地提升品牌价值。银行举办的提升品牌价值观的活动，如对扩大服务范围、建立环境友好型网点和设施的探讨，都会对引起品牌共鸣和提升客户品牌的忠诚度做出重要贡献。

尊重环境对于未来市场中的所有参与者来讲都具有重要价值。未来网点应使用满足环保要求的建筑材料、维修材料和能源资源。美国一家重要银行在这一领域处于主导地位，并向世界展示了未来网点的可能性。

4.3.2 与生活相关的附加价值

进入网点的来访者将接受网点提供的与其生活相关的附加价值。

全球零售银行产业已经建立起能够为客户和社区提供价值的一套方法的组合。少数银行能够从中获益，但是总体来讲，花样繁多的创意层出不穷。大多数零售银行网点的到访者都是网点的客户，本节将以提升所有来访者体验的观点去审视本节的主题。下文与“4.3.3 网点——社区的宝贵财富”一起揭示网点如何在社区发展中发挥作用，两部分内容存在重叠。

为那些考虑迁入社区，考虑本地搬迁的当地居民或寻求家庭发展的人们提供支持是一种能够惠及整个社区的良好服务。典型的支持服务包括提供社区地图，以及当地学校、房产经纪、律师、公用事业、宗教中心及其他机构的详细联系方式。网点可以将上述信息在其产品、活动和其他场合中向当地居民宣传。显然，人们在使用上述设施时可能会对相关金融服务和产品产生需求。网点可以通过传统的纸质地图、促销计划或交互式显示屏幕提供上述服务。

无论是否带有低调推广销售的色彩，网络咖啡厅都为来访者提供了具有附加价值的网点设施，通常，来访者并不期望网点具有这种功能。这也将延长来访者在网点内的停留时间。以合理价格出售高品质咖啡或茶点的吧台也能够吸引更多来访者。来访者访问网点期间，将接触到所有的品牌体验，包括宣传展示和销售银行品牌风格的物品。

经验表明，网点内销售的带有银行标签的物品大致包括咖啡瓶、篮球和高档摩托车。工作人员一般可以经营为来访者提供茶点的那些设施，若客户感兴趣，可以在休闲区与工作人员会面并讨论金融产品。其他可以在网点内举行的活动包括音乐之夜、兴趣小组讨论、时尚秀场、新技术教育课程。

上文简介中提到的客户特定需求，如退休、买房、并购企业，都是网点可以提供增值服务的领域。对地方债务咨询服务有需求的客户会优先考虑银行网点提供的此项服务，这样一来，客户和网点都能从中获益。

图 4-11　为社区提供更多服务的银行网点

4.3.3 网点——社区的宝贵财富

深入到当地社区是许多银行的一项既定战略，未来的网点将在社区中发挥更加积极的作用。深入社区战略的目标是提高银行的战略意识，提升正面的品牌联想。在这方面，银行已经实施很多举措。例如，向社区捐款，为社区提供人员支持。目前关于网点如何在社区生活中发挥更大的作用，已经有很多案例可供借鉴。

可以通过下列方式吸引社区居民进入网点：

行人可以通过橱窗看清网点的内部布局、沟通媒介的布放位置和网点内部举行的活动；

网点中心区域放置每日报纸和杂志供客户取阅，还可以提供图书交换服务，客户在网点阅读时可以享用免费的冷热饮及其他茶点；

儿童休闲区内放置各类游戏物品、书籍和糖果；

客户可以使用壁挂式数字屏幕、平板电脑、自助服务机和台式终端进行网上冲浪。

即使最小型的网点也应预先保留为社区活动准备的空间。银行指定的网点经理，负责每月在网点内组织举办社区活动。银行可为当地公益事业拨备活动基金。客户可以使用在线设备浏览当地事业列表，并投票选择哪些事业需要得到银行的资助。

对社区的支持还包括提供募集资金帮助在内的直接实际援助。例如，一个最新的援助项目涉及为网点当地的社区厨房提供烧烤器材。烧烤器材包括整套的烧烤器具、围裙、酱料和餐巾纸。每周七天，当地非营利组织为那些需要帮助的人免费提供食物。银行还与当地肉食商达成协议，客户使用银行设施办理业务的，则在该肉食商处买肉时享受优惠。

只有少数几家银行在其网点内，为当地其他企业销售零售商品提供支持，网点客户或到访者可以在网点内浏览或购买上述商品。已经证实，客户和到访者欢迎这种为当地企业提供帮助的方式。网点也可以邀请小企业客户在正常营业时间或营业结束后开展教育性或推广/促销活动。

案例 11　富国银行的网点创新风潮

富国银行正在推行一种独特的新概念网点——“邻里银行”，这是一种面积仅为传统网点三分之一大小的新型网点。越来越小的网点确实可以节省成本，但也存在一个问题：怎样把这种迷你网点设计得独具一格？

为此，富国银行推出一种迷你网点的标准设计方案。富国希望这种迷你网点能够深入到那些不太适合布局传统正规网点的市场中，服务更多的客户。

这种新型的小网点面积在111平方米左右。而一个传统的富国银行网点，占地面积通常在333～444平方米之间。富国在这类迷你网点内实现全程无纸化办公，并配备最新型的大屏ATM机。

首个全新设计的迷你网点已于2013年4月15日在华盛顿特区的诺玛时尚社区开业。“以前，我们不太接受用24小时便利店的模式来改造网点，但伴随着科技的进步，我们开始接受并参与到这样的转变中来。迷你网点的服务与传统网点并无太大区别，客户还是能享受到一对一的服务。”富国银行自助银行及金融便利店战略小组的负责人乔纳森·韦利尼说。

大面积网点的时代已经结束？

“在富国银行的发展战略中，网点的作用举足轻重，”乔纳森·韦利尼强调说，“这个新的迷你网点概念弥补了我们传统网点的不足，帮助我们将富国银行在金融便利店上的经验和品牌传递给更多的客户。”

据富国银行内部调研结果显示，80%的客户交易并不需要银行员工协助，但70%的客户依旧每半年都会来网点一次，处理一些相对特殊的业务。

有关物理网点即将消失的讨论在近20年内一直不绝于耳，尽管物理网点在不停地进行转型，引入各种新鲜的技术和理念，但唱衰的论调不降反升。

作为美国网点数量第一的银行，富国银行一直处在这种言论的风口浪尖。

面对类似的担忧，乔纳森·韦利尼说："我们不会缩减富国的网点规模。相反，我们要开设更多的网点。只有这样才能为我们的客户提供更多的便利。"

在设计这个迷你网点时，富国银行尤其关注如何在小面积网点内实现日常业务的办理与私密性业务咨询的有效协调。好在技术的进步帮助富国银行提升了网点空间的利用率，实现全程无纸化办公后，富国银行省出了不少空间，用于探索更多的服务可能。平均来看，这种迷你网点的建设及运营成本约为传统网点的 50% ～ 60%，这意味着当富国银行可以用一个传统网点的成本开设两个深入社区一线的迷你网点。

据《华尔街日报》估算，富国建设一个典型的迷你银行的成本约为 300 万美元，但其实可以依据具体建成面积的不同和特色功能的差异来调整自己的预算。

与大多数新概念网点一样，富国的迷你网点也有各种各样的自助机具，可以实现开卡、存取款、电子回单等一系列业务的自助办理。诸如平板电脑和远程视频电话客服等设施，也被引入迷你网点的建设中。

但是富国银行强调，客户前来网点并不希望只与机器对话，与银行员工的一对一沟通也非常重要。所以，富国一方面提供多种自助机具、免费 Wifi，另一方面还设立相对私密的理财室。

目前，富国银行还没有把迷你网点推向全国。相关的试验与摸索仍在富国银行设立于曼哈顿切尔西区的实验室中进行。为开发一个新概念网点成立实验性工作室的做法，在业界也确实成为主流了。

富国银行希望先能从小面积的实验中收集相关的数据与反馈，从而进一步完善迷你网点的初始设计。乔纳森·韦利尼强调："富国银行坚信，只有充分收集客户反馈来测试并学习新的产品、技术以及服务，才能让富国持续提供领先的银行服务与产品。

洞悉客户需求的ATM

图4-12　富国银行的新型ATM机

通过运用预测分析，富国银行新的ATM机可通过一系列的触屏键，根据客户过往办理的业务交易和客户喜好，从而展示客户所想。

在迷你网点之外，富国银行还新推行一种ATM机具，这种ATM机具的界面是重新设计的，处处彰显时尚与现代感，从而能更快更便捷地为客户提供服务。

具体来说，这种新型ATM的创新点在于其触控界面上有一列“收藏夹”，并根据ATM的具体功能与客户的使用偏好设置了五个定制化按键，考虑到余额查询是大部分客户使用ATM的第一目的，这种ATM设置了一个扫描卡片即可查询余额的功能区，客户无须插卡，即可快速获悉自己的账户余额。

在机具的主界面上，会有两个醒目的绿色按钮，客户插入卡片后，依据客户过往交易的记录，这两个按钮会自动设定成客户最常使用的两个功能。举例来说，如果一个客户的小额存款业务比较频繁，而且存完之后通常不需要纸质凭证，这两个绿色按钮就会自动调整为“快速存款”和“退卡”键。这种机具甚至会依据客户取款的记录，把“取60美元”这样的个性化选择体现在绿色按钮上。

这种根据客户的行为数据进行定制化操作的体验，无疑非常受客户欢迎，最重要的是，这帮银行和客户节省了大量时间。

除此之外，富国银行很巧妙地节省了屏幕空间，利用屏幕左下方的那一小部分（约整个屏幕的30%）展示自己最新产品和服务的广告。

从目前来看，最受客户欢迎的功能主要是以下两种：

第一，客户可以在ATM上直接选择接收业务回单的方式。客户可选择将回单用电子邮件发给他们，也可发送到他们在富国银行网上银行的收件箱中，或者是选择不需要回单。

第二，客户可以在ATM上直观地查询到自己近期的现金交易状况，帮助自己更好地打理自己的资产。这个功能使客户对于他们每月在富国银行账户的取款记录一目了然。客户还可以设置一个每月取款限额，或查询上月取款明细，以及过往12个月的平均取款数额。

“我们根据客户的潜在需求重新设计ATM，比如希望更快速、更易于操作或者更便捷”，富国银行的相关负责人艾丽卡·摩尔说，“这样一来，ATM能更了解客户需求，更好地为客户服务。”

比起尚处在摸索阶段的迷你网点，富国银行已经将这种新功能的ATM实现全行覆盖，这意味着有超过12000台的ATM机已经能洞悉客户的潜在需求。艾丽卡·摩尔强调说：“这不是终点，类似的创新将一直持续下去。”

4.4 其他关键成功因素

布放全方位面向客户的设施是维持企业竞争力和生存能力的重要手段。具有较高人际交往技巧和良好行为模式的工作人员必须抓住每个机会与客户进行交流，以拓展业务、推广品牌。

网点的设计应符合设立目标，灵活有弹性，而且最大限度地减少对环境的影响，只有这样才能为工作人员顺利开展营销活动提供服务和物理基础。网点的设计、改进和包括推广在内的各项计划均应具备经济可行性。新网点理念所产生的分析数据将为网络资产管理提供丰富信息。

4.4.1 渠道技术

网点将配备全方位的渠道技术，并将其推广使用。

本节内容强调技术在所有未来网点发展中的关键性作用。银行需要掌握投入使用技术的工作原理，并持续关注新型或新兴技术的解决方案。网点从使用新型技术渠道获得的优势包括：

提升服务水平；

新增收入流；

显著降低运营成本；

提高研发新型客户产品或服务对策的能力；

更高的客户忠诚度，客户对网点设施（银行或非银行业务）的依赖程度。

随着客户认知和预期的提升，上述因素在维持企业竞争力和生存能力方面的作用也尤为突出。

4.4.2 被授权的工作人员

具有较高人际交往技巧和良好行为模式的网点工作人员将直接为客户提供服务，他们推广自助设备的使用，并且在合作或协商的基础上与客户进行交流。

即使行业领导者当中，对于工作人员应坐在柜台里面为客户服务还是在大厅自由行走服务都存在分歧。如果在大厅来回行走，工作人员还可能需要一个服务台或礼宾台。但是，所有的案例都表明，具备较高的人际沟通技巧和丰富的身体语言，是工作人员向客户提供最佳体验的主要因素。

想要取得网点转型项目的成功，首先需要对工作人员行为规范设定清晰的定义，之后网点管理者以这些行为规范为基础对工作人员进行培训。其次，需要工作人员熟练掌握网点数字渠道的操作方法。这个问题在后文“员工行为和服务水平”，转型的总体路径图语境下深入讨论。行为规范为员工绩效考核和个人、团队、网点的管理都设置了基准线。反过来，网点网络的所有操作均须以一致的行为规范运行。考核和管理系统的应用能确保上述标准的一致性，亦能确保迅速提高新员工的技能水平。

文化和市场细分的不同，导致银行在网点内为其各类员工设置的行为规范也不尽相同。例如，在某些国家的不同地区，对眼神接触的重要性有着不同的观点。第五章中“5.3.2 关于网点属性和品牌呈现的创新思考”，列举了所有应被纳入银行员工行为规范考虑范围之内的事项。

4.4.3 设备设计和员工支持

网点设计、布局和设施都将为网点员工达成企业目标提供支持。

未来的网点将为客户提供具有吸引力的物理环境，丰富的娱乐设施和先进的通信技术。网点物理环境布局将以优化客户体验为主，最大限度增加客户与宣传物品的眼神接触，方便员工与客户进行正式或非正式的交流。

相关区域毗邻有助于网点发展。客户通过网点礼宾台能很容易地进入自助服务大厅，应当给予自助服务设备相关的其他取款设施留有足够的空间。这样一来，员工可以在没有物理障碍的情况下，将位于等候区的客户引导至自助服务区。如有需要，还可为客户咨询提供隐私保护服务，包括设置封闭等候区。

网点摆放家具的质量和耐久度是实现其实用性、美观性和稳健性的保证。目前，行业领导者的做法是在合作或协商的基础上探讨上述问题。网点的装修设计和终端配置必须为更好地与客户进行互动提供支持。

各种各样的电子渠道，特别是那些在服务和销售中发挥主要作用的渠道必须被合理地定位，以保证能够单独使用或与其他设备共享。与广告宣传相比，数字屏幕所发挥的作用越来越广泛，应保证员工与客户进行对话时能够使用或共享网点内的数字屏幕。值得一提的是，网点必须配备供网点员工推广并教授客户使用新银行渠道的设施。

必须设计便利的、高效的一线、二线设备维修方案。但是，设备维修还需考虑到后台存储需求和现金安全性需求。网点还应为网点团队管理和员工个人配备足够的设施。

案例 12　如何利用客户调查提升网点设计

从打造一家智能零售店开始，一家成功的银行网点不仅要满足客户需求，还要超越其期许——为客户营造一个轻松惬意的氛围。然而，问题的关键在于：这个轻松惬意的氛围既需要留住客户，令客户驻足其间、流连忘返，又需要加快其互动、创造的步伐，所以我们很难通过定量分析去证实，特定氛围能够潜移默化地影响消费者的属性。

零售网点设计面临的挑战是要先了解银行想对目标客户群施加的影响，然后留住客户，再有针对性地设计环境，才能诱导出银行预期的客户反应和行为。这种对客户潜意识的设计是对设计更深层次的理解，其关键是去创造一个能改变客户思维、决策和行为的空间。

不论硬件如何配置，以空间设计来施加潜在影响，是零售网点成功的最基本要素。因此一定不能依赖过往经验去判断消费者的心理，虽然这看起来很难，但解决方案非常的简单粗暴——直接问客户！

了解客户的想法

事实上，客户往往并不总是知道自己想要什么。他们有的光凭感觉，有的凭着三分钟热度，这很难用传统的数据分析将其量化的。

以蒙特利尔银行（BMO）为例。这是一家享誉盛名的加拿大银行，其客户忠诚度更是历久弥新，令同行羡慕不已。在着手进行自己的网点位置选定以及店内设计之初，BMO 做了很多调研工作，他们希望挖掘到客户真正需要的东西，以确保自己花在设计和扩建上的重金能够物有所值。满足客户的潜在需求，牢牢锁定与现有客户群之间持久合作关系的同时，又能吸引新客群。

BMO 银行在着手选定网点位置时就做出了明智的决定，例如在多伦多的金融商圈中设计一个 21000 平方英尺（约为 1951 平方米）的旗舰店，满足金融商圈内高净值客户的需求。此外，BMO 银行还从一开始就将客户想法融入设计中，然后不知不觉地影响客户的行为。

很多客户反映，他们总是被传统银行的“制度性”吓倒，这种“压迫感”使他们觉得根本无力主宰自己的财务命运。因此，客户希望能有一种更为开放的交流渠道，以更简便、透明的方式来获得产品和服务，就像大家已经开始依赖的在线服务体验。

据 BMO 银行调研发现，客户在银行体验中有明确的产品答疑的需求，他们往往在与自己的专属业务顾问沟通后，才会感到财务安全。因此，这个调研结果便成为 BMO 重新设计网点时必须重视的关键点。

在认识到当面沟通的重要性之后，BMO 采取了以下三种方式来进行方案设计：

1. 揭示银行体验和财富的意义；
2. 使用以客户为中心的表达方式；
3. 着眼于受益终生的合作关系与交易。

作为 BMO 银行区域副总裁，Tony Tintinalli 对这些设计感到非常满意。“新网点在设计之初就已将用户体验深植于心，以消除物理障碍的布局为特色，希望最终能够达到客户的期许，为其提供一个可以开展有效对话的舒适氛围。”Tintinalli 如是说。

将调研结果付诸实施

目前，BMO 银行网点以客户为中心，设计内含一个全功能分行旗舰店，一方面提供给客户在零售银行体验中亟需的各项服务，另一方面也创造了一个开放、热情及安全的环境，鼓励客户与他们信赖的财务顾问进行深入的交谈，让他们觉得自己的财务状况尽在自己的掌握之中。

在设计研究中辅以量化分析，能提供对客户进行归类更为有利的条件，此外，还能从本质上改变客户对业务的参与模式。这一点就是 BMO 银行拥有的最有力的工具——帮助零售银行为其客户创造意义深远且共同受益的客户体验。

BMO 银行首次将调研结果付诸的实践是启动首个小面积的社区银行。截至 2015 年 5 月，蒙特利尔银行已开设了 30 家社区银行，此外还有一些正在筹备中。

这些社区银行的设计主要聚焦在开放、透明的布局。不同于传统网点中将柜员置身于冰冷柜台之后的模式，开放的格局使员工能够随时随地为客户提供服务。当然，与简单缩减面积的传统银行网点不同，这些 2000 ～ 3000 平方英尺（为 186 ～ 278 平方米）的社区银行为客户提供了一个更加友好亲近的环境。

动手改造网点

BMO 银行开放、简洁的设计原则是依据一个 21000 平方英尺（约 1951 平方米）的分行旗舰店加以改造完成的。该网点为用户提供了数字指示标牌以及平板电脑，为员工提供笔记本电脑以及私密性较高的会客室并覆盖安全可用的网络。

改造后的智能旗舰店坐落在国王街与贝街的交叉口，这是多伦多市中心最繁忙、最拥挤的街道之一。从极其醒目的品牌照明灯，到 BMO 蓝色赛车条纹和数字标牌，处处紧抓路人眼球。此外，自上而下的巨大落地窗令路人对网点内所有的活动一览无余。

如果将网点内的窗帘都拉起来，一个完全开放的金融环境就跃然眼前了。通过这样的设计，让银行的业务走出后台，也让客户感受到一个完全开放、透明、完整且强大的银行服务。

BMO 银行还将长长的传统交易柜台分隔成两个私密柜台，并为客户提供座位，这样就减少了客户与银行职员之间物理和情感上的障碍，方便其进行更具合作性的互动。

此外，BMO 银行还在对公业务区中实现了“行中行”的功能——提供更高层次的亲切互动空间，使人们可以舒适地开展全方位对话，鼓励他们在网点停留的时间更久一点，从而有时间了解自己感兴趣的产品和服务。

在网点内融入新的全方位渠道元素，能够帮助客户实现从网上银行到网点体验的顺畅衔接。网点可以为客户提供直接进入应用程序、网上银行以及银行产品展示区等的一体化银行服务。

BMO 银行为客户与银行员工的沟通提供了独立的小卡座，这种设计兼具了透明度和保密性。小卡座布放在开放的环境中，却又相对独立，这样就兼顾了视觉、听觉上的舒适感和安全感，同时 BMO 还在各个小卡座的设计上采用了新的移动技术，便于客户交流，简化信息共享的过程。舒适、自由的会议区（又被称为“蜂巢”）布防有定制的座椅和存储区，BMO 银行用一种更加流动和合作的方式强化了信息交换能力。

持续的转型过程

经过长期的实践，BMO 发现，网点转型是一个持续的过程。早在七年前，银行和设计公司就通过调研与合作，在改革目标上达成一致——努力改善客户体验，提高员工工作效率，降低运营成本。

换言之，最佳的网点设计方案永远不可一味地进行复制，需要根据每个市场的调研结果进行定制。而网点中数字技术的运用，则是为了在合适的地方为客户提供最大的便利性。

4.4.4 网点建设和运营

为满足未来不断变化的需求，网点必须在网点结构和经济可行性上具备灵活性，并尽量减少网点在建设和运营过程中对环境的影响。

短期内，网点最显著的变化应该是对柜台设施、网点空间和安保设备需求的大大减少。为此，应制订一个短期到中期项目计划，实施该计划将产生两个主要影响：银行将网点设置在更小的单元内，或者在原网点内保留未用空间。

除上述主要的和可预测的发展方向之外，随着新技术、工作实践和商业发展战略发生作用，网点也应对上述情况做出应对。能够快速地适应这种变化，并且以合理的成本提出对策至关重要。事实证明，店铺拟合技术/装修技巧（shop-fitting techniques）能够满足上述要求。所有与网点发展项目具有利害关系的人都应牢记这些要求。

目前，建造网点的材料中，大约50%的材料是可回收或环境友好型。目前，制作家具的材料可使用小麦板（小麦加工过程中的副产品）代替人造板。使用可回收材料制成的地毯，反过来也可以100%回收利用。护墙板的使用可以大大缩短建造新网点的工期。环境敏感型建筑技术和装饰材料包括：

使用环境友好型木材，例如，杉木；

瓷制地板具有最大敏感度，而且不释放聚氯乙烯（PVC）；

使用塑化聚合物制作工作台；

使用水性油墨印刷插画和图表；

使用水基涂料，代替不符合环保要求的涂料。

网点维护工作包括以下内容：

需强调共用设备的能源利用效率和耗水量；

最大限度地利用自然光，配合高效率系统和高质量的保温设施，将极大地减少能源的消耗；

使用预制墙板使得网点窗口的绝缘水平远远超过监管的要求；

保护臭氧层的制冷剂可用于网点的制冷系统。

使用新型或替代材料的高额成本只是短期问题。在新材料的使用范围不断扩大之时，成本也会随之降低。该领域的市场领导者称，在网点建造、运营成本和环境保护方面，使用替代材料都具有宝贵的价值。在使用新型材料方面的努力也成为提升网点声誉和银行品牌价值的手段。最佳实践建议，对该领域进行深入调查研究是设计新网点开发方案的重要组成部分。

自助设备厂商和银行在减少自助设备的碳排放方面均做出了巨大的努力。使用低碳排放的自助设备不仅可以降低网点运营成本。在设备持续使用和维修过程中所产生的碳排放量，近年来也一直呈现下降趋势。

引进不使用信封自助存款设备是减轻自助设备运行面临的环保压力的一个实例，这种设备能够节省纸张以及减少设备管理压力。另外，银行正在推广减少纸质收据凭条的使用，广泛使用的电子收据凭条可直接发送到客户的收件箱或电子账户。目前，客户可以自行选择索取纸质凭证，不打印凭证或接收电子凭证。自动取款机的专业现金管理业务和回收技术为用户提供越来越多的操作便利。再者，这种做法也减少了服务提供者运送现金的压力。

目前，对上述问题和相关开发工作的重点问题讨论都集中在自动取款机之上。针对减少自动取款机碳排放量的做法也适用于其他自助服务终端。上述问题中，最受关注的是设备本身及其使用方法。正在考虑的问题包括：

照明设施使用低电压处理器和电源；

降低机器在待机模式和等待模式下的能耗；

使用电源驱动凭条打印机；

减少纸张的使用。

推出太阳能和低功率驱动的自动取款机不仅能解决设备环保敏感的问题，而且在许多国家能够提升自助服务水平。在经常遭受电力中断的国家使用这些设备，会产生特别有利的效果。

4.4.5 新型零售理念

在相同类型的网点，或类型不同但性质相同的网点内实施新型零售理念时，就能够使该理念在经济上和操作上都具备可行性。

首先，银行以主营旗舰网点的形式实施新型零售理念，旗舰网点的高客户流量将对新特性进行测试。这项测试的关键部分是确保新型网点理念不仅在其原始形式上具备经济可行性，在网点网络的其他部分，新型理念还应具备易推广性。根据网点风格、功能性和规模对网点进行分类，这种对网点进行分类的理念已经被零售银行家沿用多年。通常包括以下类型：

旗舰网点；

最大网点或托管网点（hub branches）；

小型社区网点；

迷你网点或微型网点；

自助服务点；

布放在其他零售店铺内的（微型）网点（hosted units），例如，布放在商场、大学和医院的设备。

零售银行产业一直为托管银行网络和分支银行网络（spoke banking network）的发展提供必要的支持，这两种银行网络经历了50多年的发展历程。新一代的社区网点在设施齐全的托管网点的支持下，再次成为21世纪零售银行产业推行网点转型计划的重要议题。

图 4-13　微型网点

应当将资源投入到监测转型前网点的业绩和修正既定策略的工作中去，以保证新型零售理念具备可行性。在设立首个新型网点的过程中，不要过分纠结运营网点的未来成本，应重点识别对未来推行网点转型计划具有建设性作用的因素。

案例 13　未来网点的两大愿景

对于银行网点未来形态的探讨，已经成为业界最热门的话题之一。因为目前来看，今天银行所主推的网点形态就像传统打字机的遭遇一样。自文字处理器发明并应用后，打字机随即面临种种危机和窘境，直至最终消亡。银行网点的未来会不会也是如此？答案并不尽然，那银行未来网点的具体形态究竟是怎样的？一千个人心中有一千个哈姆雷特，而现在，每个人的心中似乎都有一个关于未来银行的想象。

最近，我前往美国旧金山，专程拜访了分别由纽约的摩根大通银行和俄勒冈州波特兰市的安快银行所运营的两个网点。通过对这两个网点的访问与反思，我想，大家或许能对银行未来的网点形态有一个更为具象的认识。

为“快”而生

大通银行的联合广场网点位于一个繁华商业区，厅堂感觉非常通透，整体设计令人印象极其深刻。这是我首次看到他们的新型银行中心，也是首次体验由亚洲技术供应商打造的智能自助服务机。目前大通大概有800台机具，并且几乎所有的新网点里都安装了这些机具。

这种新型的ATM拥有类似iPad的超大屏显示器，以及多种操作功能，整体操作体验完全不同于传统的ATM，几乎可以同iPad相媲美。你可以取任意数额的现金，从1美元到1000美元，并可以指定钞票面额类型，如可发出这样的指令：“给我取378美元，其中8个1美元面额，7个10美元面额……”类似这样的附加服务功能还包括预付卡充值，账单支付和增强大额存款的能力。

新网点的布局比过去更加鼓励自助服务。走入网点，首先映入眼帘的便是自助服务区域。这个区域与大厅之间用玻璃门隔断，以实现24小时服务的功能。在玻璃安全门的后面设计了一个较小的柜台区，在此安排两个高柜。显然，银行不鼓励客户使用实际的柜台服务，但是如果客户需要，依然有柜台在那里等待为他们服务。尽管在数次参观这家网点时都看到柜员区的排队现象，但给我的感觉是，这样的设计主要是服务当地小企业主的现金换零之类的业务。

在许多方面，大通银行的新设计网点比过去有一定程度的变革，但并不彻底。所有传统功能依旧遵循固有的格式：前面是柜员区，销售办公区域在网点的后端。但也有一些超越传统的风格。该网点因其特殊的地理位置以及业务需要，每周营业7天（美国极少一周营业7天的网点）。因此快速服务区（配备有一台电脑的服务桌）被定位在自助服务区的后面，旨在当客户需要帮助时，可以迅速提供相应的服务。此外，大厅内还放置一个大型数字显示屏墙，放映旧金山各处怡人的风景，没有刻意宣传大通银行自己的产品和服务。

网点内提供免费的无线网络，但大通并没有把这个当作一个“卖点”。显然这已经成为大通网点所具备的基础元素，只是方便在等待业务办理的客户打发时间，但并不鼓励人们因此在网点聚会逗留。网点内有一个装饰一新的全功能会议室。网点工作人员告诉我，他们还打算对这个会议室开启预订功能，当客户有会议需求时，可通过预订而使用这间会议室。

我此次拜访网点，正值网点最繁忙的时候。但是没有专门的员工服务这部分人群。保安没有，快速服务台也没有。我随意找了个人来回答我的问题，但给我的印象是，如果你需要额外的服务，你必须主动去问，或者预约。整个布局的设计主要是为了加快对普通客户业务办理的速度以及整体的运营效率，使之可以腾出时间和空间来加强与高净值客户的关系。

为“互动”而生

安快的新网点与大通的仅一墙之隔。这家旗舰网点开业之初，便获得“2013年度最佳零售商业网点设计”大奖，也是首家获得这一殊荣的金融机构，一时引发业内外的密集评论和报道。不过安快获此殊荣也并不奇怪，一直以来，安快就将网点的创新与变革作为自己业务发展主要的策略之一。

撇开风格不谈，与过往我们所见到的安快银行的网点相比，这家网点真正的改变究竟在哪里？答案是：改变无处不在。

图 4-14 像商店一样的银行网点

首先，安快的员工不断地提醒我，这家网点并非叫“网点”，而是一家“商店”。这不只是一个营销术语。作为一个典型的零售商店，安快鼓励客户积极参与，而不仅仅是交易后就结束对网点的造访。安快鼓励客户可以坐下来，品品咖啡，使用免费的WiFi。在那里，你可能以为自己到了一家有配备了电脑设备的有几位顾客在闲聊的星巴克咖啡店，而不是一家中规中矩的银行。会客室不仅对客户和潜在客户开放，也开放给一切可能的使用机会，从商务会议到几个朋友聚餐。安快会在网点提供咖啡，如果你带了酒，他们甚至还会提供酒杯——当然，安快不会收取开瓶费。

安快商店内还有一块区域看起来好像是柜面区，但并没有柜员或理财经理在那里，而是“客服百事通”，他们经过严格培训，帮助客户处理从开户到取现的任何业务要求。这个定位同苹果专卖店的“天才吧”非常像。这个想法显然是想与任何走进网点的客户互动，以便发现机会，把潜力客户变成真正客户，然后与之建立一个深厚（并有利可图）的关系。

图 4-15　安快商店的银行网点

我采访了该网点的一个员工，他在加入安快之前曾供职于苹果专卖店。“你是怎样从服务业过渡到银行的？”我问道。他回答说：“一点都不难啊。我用很短的时间学会了安快的自动化系统和银行的术语。服务就是服务，从这个角度来看，我在这里工作，就像在苹果一样，都是帮助人们解决问题。而更多的时候，我们需要深耕客户的真实需求，而非仅停留在客户粗浅的描述上。”

图 4-16　充分体现与客户互动的安快网点

网点内几乎所有的营销细节都在强调与客户的互动。安快的品牌理念一直都在强调他们服务客户的方式，在这家网点，你会感觉安快也确实将这个理念体现得无处不在。

想要一款特定产品或服务的宣传册？安快不会优先提供纸质宣传页，而是鼓励客户通过 iPad 上的电子广告来了解它的相关信息。与过往的将宣传册拿来便离开的方式不同，客户必须坐下来使用安快的某一款工具，经过一定的互动过程，然后把感兴趣的资料下载到客户的智能手机或手提电脑上。

孰高孰低？

通过上述内容，你会发现，未来银行网点的类型应该会有两种不同的愿景：大通的快速高效型 V/S 安快的深层互动型。那谁将更占上风？

首先，从一些基本要素上进行对比。我们都知道，网点转型已经发生。在这个数字时代，日常交易必须向自助服务转移，以提高网点的工作效率。由于越来越多的交易开始脱离网点，原有的设置一个网点的想法逐渐演变为设置一个可以办理更多更复杂业务的销售中心。这样做也不乏缺点：我们将越来越多的客户赶出网点，或是我们的服务将越来越缺乏人性化，那么我们与客户互动以挖掘客户需求、创造营销机会的可能也必将越来越渺茫。

大通的网点改革在提高成本效益这一点上做得尤为成功。他们的报告显示，柜员使用率下降了，只有 51% 的普通存款现在仍须通过柜员进行操作，相比起 2007 年 90% 的使用率，这已经使他们在同类型网点中削减了 20% 的职员。大通通过开设更多新网点而非关闭网点的方式逆势而上，进行了有针对性的扩张性投资，提高了成本效益。

这两个机构都已创建了模块化的新型网点模型。大通的联合广场网点规模很大，但可以很容易地分割成更小的空间，比如在几台自助服务机具的基础上，只配备一两个员工，用以提供个性化服务。同样安快旧金山旗舰店，在很多方面，都像是安快在波特兰和西雅图的社区银行网点的升级加强版。

与安快相关的故事，总是离不开“增长”这一主题。从1994年默默无闻的小银行，到现在拥有行业创新标杆的美誉，这一切都是安快通过文化创新、差异化的网点体验以及个性化的营销战略来实现的。但是，这也很容易使他们过分关注创造独特的网点风格，不免让人担心安快会不会在这种充分利用网点来创造良好客户体验，并嵌入一个完整的销售和营销的过程中迷失掉自己。

所以，我有必要再问一次，究竟哪种方式更占上风？

大通很清楚地出示了一个关于改革传统网点的路线图。他们提供了很稳健的自助服务体验，使客户感觉确实得到相同（甚至更好）的服务，而不是被强迫使用了看似方便的银行，却很难找到适合自己的渠道。

安快的尝试既让网点运作更高效（虽然在网点设计上不太明显，但是高度自助化的），又能改变银行的工作方式。他们已经给网点规划了清晰的定位，使其与规模较大的竞争对手实行差异化。他们已经成功地争取到更多的较传统的组织，并将其纳入他们的设计中，扩展其物理分布的组合，使其围绕创新的社区网点，并将最佳的体验应用到他们更为传统的网点中。同时，他们已将几乎全部的网点员工成功转变成了全能型的“百事通”，通过增加员工灵活性和提升效率等措施激励员工，用以替代原来的专职模式。

所以，很难说哪一种模式就一定胜过哪一种。金融机构需要从这两种网点模型中吸取经验。银行需要将自己的网点进行更积极的变革，使其推行自助服务技术和网点的重新设计，以提高效率，并降低成本，正如大通所为；但他们还需要建立更多与客户互动的战略，正如安快的魅力所在。虽然通过网点进行的金融交易正逐步下降，但是销售和营销的需求却呈现越来越多的趋势，利用独特的行业领域的投资机会以吸引潜在客户，并将其转换成深厚的客户关系。

真正的成功者会整合大通和安快的经验教训，以提升自身的运营效率，实现销售增长。这才是银行未来成功的关键。

4.4.6 管理控制分析

逻辑分析方法（analytics）有助于管理和控制网点运营，有助于加强网点资产的有效使用。

第三章中的“3.3.2 数字化转型的考量”探讨了如何使用逻辑分析法，保证在设备容量和网点交易流量之间保持最佳平衡状态。数字容量分析为确定面向客户终端的容量大小和对其投资的多寡提供了宝贵信息。

使用逻辑分析法也可以监测由终端或员工提供的服务数量和营销活动次数。收集和分析监测数据为理解自助服务移民达到何种程度提供支持。

另外，可以使用类似的技术对网点工作人员操作的终端所执行的交易进行分析。与具体分析员工如何分配工作时间及其实施营销活动的性质和效果的分析方法相比，逻辑分析法的作用显然更为重要。随着每个网点的数据池不断扩大，逻辑分析法已经成为一种用于横向比较不同类型网点投资效率时更为有效、更加可靠的分析工具。

4.5 专门网点类型

本章讨论针对专门位置和环境设计的特殊网点（网点衍生品）具有哪些形态。针对特殊环境设计的网点在数量上仍然相对较少。例如，美国店内银行网点的数量在全世界范围内是最大的，但这个数量仍然仅占其全国银行网点数量的5%左右。尽管如此，这种类型的网点在零售银行产业仍将继续扮演重要角色。

本节着重介绍托管网点和营销主导型网点（sales-orientated branches），及数量有限的、专门为推广数字渠道而设立的销售点。在无法设立银行网点的情况下，这些销售点的存在为银行提供了一个替代选项。

流动网点（branches-in-vans）、弹出式/移动展台式网点（pop-upbranches）和散客自助服务机为未来网点的发展提供了多种路径。事实上，面向客户终端的广泛使用将提升终端的效用和存续能力。但是，这些专门类型网点不在本指南的讨论范围之内。

4.5.1 托管网点

托管网点是将网点设置在第三方营业场所内的一种实践操作。运营商的战略目标是开发托管地点的客户流量资源和周边人口资源。在医院设置迷你网点就是一个例子，医护工作人员和医院的巨大客流量是这类网点的目标客户群体。

可以将网点设置在大型写字楼内或各种工厂内，这种网点的目标客户群体是这些企业内的员工。托管网点的最佳范例就是在零售商店内设置的网点。设立这些网点遵循的原则也适用于对这些网点的评估工作，想要在任何第三方营业场所成功设置银行网点也需要遵循上述原则。

20 世纪 90 年代是“店中店”发展的分水岭，在美国，这种网点大规模涌现使得银行重新审视店中网点的优缺点。美国联邦存款保险公司（FDIC）公布的年度统计数据显示，截至 2013 年年底，由正规注册银行运营的店多达 5052 个。另外，美国信用联社拥有的至少 1000 个店中网点并未纳入 FDIC 的统计数据中。2002 年以来，店中店数量约占美国全国零售银行网点数量的 5%。其他国家中这项比例显著较小，其中泰国银行业的实践最能够代表“店中店”理念。

图 4-17　托管网点

针对是否应该设置“店中店”项目、是否应由专门管理团队运营该项目，以及是否应将其与传统零售运营结构进行整合的问题，银行业普遍存在意见分歧。美国最大一家店中店运营商为管理店中网点网络设立了独立的管理部门。另一家多年来被广泛承认是“店中店”最成功的运营商（基于每个网点吸收存款）的美国银行，将其零售网点视为传统网点网络的一个重要组成部分。

各种规模的金融机构已经开始设置“店中店”，并从中获益良多。主要服务提供商和行业观察家认为，成功运营“店中店”的战略优势包括：

网点的消费者客流量显著增多；

降低网点开发和建筑成本；

缩短建筑工期（通常大约是 75 天）；

加快向市场开拓的速度；

更多地与主营店铺销售者组合促销。

任何希望扩大地理服务范围和销售范围的金融机构都应对作为渠道选项之一的“店中店”进行全面研究。然而，正如其他任何拟定的投资工程一样，在设置上述网点之前应开展大量的可行性研究，若证明开设“店中店”可以达到预期收益（包括上文提到的），才能继续实施“店中店”项目。对成功的“店中店”项目进行评估和设立的关键阶段包括：

选择并确定目标市场；

选择并确定主营店铺；

进行可行性研究；

与潜在主营零售商进行协商；

与拟定投放商铺建立工作关系；

建造网点并配备设施；

招聘并培训员工；

开发并激励目标客户群体；

设计并执行网点开展计划，包括市场营销。

设立“店中店”的原则同样适用于在其他特殊地点设立网点。例如，这些网点的主要客流可能包括白领人士、医院访者和医院工作人员，或工厂工人（而非消费者）。但是，潜在客户人口的质量、数量及消费习惯这些潜在因素对于网点的成功具有重要意义。以迷你网点或仅配备自助服务设备的网点为例，这些网点无须指派固定员工，员工只需定期访问这些网点。

案例 14 解密华润银行“店中店”

随着利率市场化的深入推进，中小银行的付息成本步步走高，负债端的经营压力使中小银行不得不放弃过去傍大户的经营模式，转向零售客户等基础客户群体。在此发展思路下，社区银行、金融便利店成为中小银行零售网点转型的重要目标。华润银行作为华润集团旗下的重要金融板块，与华润万家协同推出的“INSTORE BANKING”——“店中店”模式则在很大程度上成为美国社区银行在中国实践的典型案例。

华润银行如何实践"店中店"

华润银行从2011年起开始探索实践社区银行模式，并于2012年开设第一家社区银行网点。对于华润银行而言，社区支行网点的意义远不在于它是扩张社区金融服务渠道的一种手段或形式，而在于它融合了传统物理网点、自助银行和智能银行的多种功能，为加快渠道转型、深耕零售业务提供重要机遇，更是零售银行传统商业模式变革的重要载体。

1. 经营理念："将银行做成零售店铺"。

网点是银行为客户提供金融产品和服务的重要渠道，也是银行获取客户和维护个人客户的重要场所。因此，究其本质，网点本身也是一种零售终端，只不过销售的是金融产品和服务而非普通产品。

像安快银行、富国银行等将自己的网点更加贴近人心地称为store（门店）一样，华润银行也提出"将银行做成零售店铺（2014年年初，由华润万家业态及战略管理中心牵头开展的一项来自华润万家全国近5000份样本的调研显示，有43%的顾客希望增设社区金融服务，此项数据表明社区银行存在较多潜在客户。在进行市场细化后，发现社区银行不仅可以满足客户的潜在需求，而且对大卖场高端用户群具有较高吸引力）"的新型经营理念——满足绝大多数客户最具共性的金融服务需求，充分利用华润集团下属华润万家密集的物理网点和客流，将社区支行网点开到大卖场去。

经过专业咨询公司和调研公司的可行性分析和模式设计，华润银行最终创新整套模式，形成独特的"INSTORE BANKING"——"店中店"模式。依托这种模式，华润银行把华润万家的零售终端渠道资源转化为自身基础客户及有价值客户获取的孵化平台，有效阐释了集团产融结合的发展战略。

2. 网点设置："将网点开在与客户最容易有交集的地方"。

"获客"是社区银行网点的重要使命之一。因此，社区银行的网点选址也成为整个社区金融战略的重要起点。中国多数商业银行通过与地产公司合作，将社区支行网点开进各大小区（如民生银行的“小区金融”便是这种模式的典型代表）。与之不同，华润银行则充分发挥集团优势，选择在人流量较大的华润万家超市里设立轻型、便捷的“店中店”，所选的位置与现实和潜在客户有交集，并且贴近客户生活。网点设置的便捷性在便利客户的同时，也为获取大量基础客户提供了坚实的渠道基础。

华润银行这种“店中店”的面积通常在60～70平方米，店员只有6～7个，营业时间延迟至晚上9点，全年仅春节三天休假，其他时间照常营业，最大限度地为客户获取金融服务提供了便利。

这种依托超市而设立的银行“店中店”使客户在日常购物的同时，可以便捷地享受银行的基本金融服务，包括开户、自助存取款、自助转账、个人理财、个人贷款、常见保险、公共事业缴费、通信缴费与充值、交通罚款等多项金融便民服务。

3. 产品及服务：产品设计突出客户体验为先。

随着互联网金融的全面渗透，客户体验成为当前金融服务竞争的重要工具，通过客户体验在产品层面的有效凝结，提升客户服务满意度以及对品牌的忠诚度也成为当前银行业获取客户、巩固客户关系的制胜法宝。

契合“体验式金融”时代客户金融服务需求特征，华润银行“店中店”模式设计高度重视在服务过程中的客户体验感受，全方位强调服务流程优化及办理速度的提升。一方面，产品设计强调标准化，使客户更加容易理解；另一方面，努力简化客户业务办理流程和提高办理速度，在当下强调时间效率的环境下，这一点显得尤其珍贵。

归纳起来，“店中店”的基本金融产品与服务以“四个快乐”为主——“快乐卡、快乐险、快乐金、快乐贷”。其中，“快乐卡”是华润银行与华润万家联合发行的，同时具备万家会员卡和借记卡金融服务功能的金融IC卡。“快乐险”则是与华润保险经纪合作的保险产品，仅需6分钟即可完成投保。“快乐金”是华润银行推出的满足个人客户财富保值、增值需求的人民币理财产品，期限灵活、收益稳健、选择多样。“快乐贷”为个人消费信用类贷款，无担保、无抵押、手续简便，最快可在3小时内放款，贷款额度最高可达15万元。在个人业务方面，华润“店中店”基本实现全功能。

4. 渠道协同：线上线下一体化改善客户体验。

随着大数据、云计算、移动互联、人工智能等新技术的日臻成熟及其在金融领域的广泛应用，如何与时俱进地推进服务模式转型，是未来中国银行业改革发展的一项重要课题。在此背景下，华润银行改变传统银行业纯线下模式，在“店中店”服务模式基础上探索、融合线上渠道，以互联网思维改进服务模式，线上线下服务一体化，进一步提升客户体验和感受。

2014年3月，华润银行直销银行正式上线。延续“店中店”风格，直销银行产品同样突出简单实用，涵盖“润日增”“智能存款”“预付通”以及“金融日历”在内的四款储蓄、理财、代缴费产品。通过直销银行与“店中店”的结合充分发挥两者优势，使客户既能感受到华润银行“店中店”贴心、优质的金融服务，又能享受到直销银行所带来的快捷与便利，从而增加对华润银行的忠诚度。

5. 成本最小化：精益管理打造轻资产型网点。

与传统支行网点较高的租赁资金、店面装修及人工成本不同，华润“店中店”模式强调“轻成本、轻人力”，着力打造轻资产型网点。

根据模式设计，“店中店”的面积不到传统网点的1/3，创建成本和年度运营成本分别为传统网点的40%和12%，而筹建时间也缩短了近2/3。同时，社区银行的运作以销售为中心，以业绩为导向，没有冗余人员；产品设计上注重快速营销和创利能力；产能方面，社区银行的人均产能不低于传统网点。

以华润银行 2012 年 1 月 21 日开业的首家社区支行——珠海前山万家支行为例，截至 2014 年 6 月末，前山万家支行资产时点余额达到 2.2 亿元，优于珠海同期成立的传统支行网点。在人均产能相当而运营维护成本低于传统支行物理网点的基础上，“店中店”模式能够较快地达到盈亏平衡，而在此后较低的年度租金列支、人工成本、运行维护等变动成本则为“店中店”实现效益最大化奠定了坚实的基础。

4.5.2 产品销售型网点

银行家们对设立专门进行单独产品线销售的网点理念十分着迷，这种网点理念最常见的网点形式就是按揭商店（mortgage shops）。这种类型的网点可以在主品牌或子品牌下单独运营。前文对未来网点的设计、员工技能和其他特定因素的讨论也适用于该类型的网点。

产品销售型网点的优势包括：

通常，产品销售型网点更关注网点环境和服务水平，这也使每个网点的销售量大大超过传统银行网点能够达到的水平；

在市场情况不利于该类产品销售的情况下，撤销产品销售型网点并不会对主品牌造成负面影响；

这种网点通常不需要太多的安全设施，布放的设备也都是可回收再利用的；

更加简单的网点形式和产品结构意味着不论规模如何，这类网点都可以采用特许经营的模式。

通常，这类网点仅通过自助服务设备提供货币汇款功能。这类以销售产品和提供服务为目的而设立的网点，最适于推广新的银行技术，如数字看板 / 屏幕（digital signage）和信息亭提供信息服务，方便客户查询信息、研究产品和发现新功能。客户使用视频银行服务可以连接咨询顾问，或在非银行营业时间与顾问对话。

4.5.3 数字技术展示网点

在全球的所有市场区域中，银行已经通过使用数码设备开始实现未来零售银行理念，通常被称为实验室网点（laboratory branches）。但是，多数案例表明，这种新型网点模式不会在整个网点体系中被复制。

设立这类网点的目标包括：

提升品牌形象；

客户教育；

在实际环境中加深网点对客户使用数字银行反应的了解。

以勇于创新而闻名的一家主流银行正在其新型网点内出售一系列国产的数码设备和手机。

创建未来新型网点可能面临很多挑战，但是通常网点都会配备相应的自助服务设施来保证满足客户和来访者的需求，同时这些设施也为银行提供有价值的反馈信息。随着新型网点理念在更广范围内的应用，其影响也更加显著。

4.6 未来银行网点

本节提出未来网点设计应遵循的原则和可能遇到的实际问题，但是也承认在网点设计过程中会出现其他影响因素。未来的网点，将为客户和社区提供 24 小时服务。是否使用自助服务数字渠道将影响执行银行及非银行业务设备的性质，而设备的性质将对未来网点角色和网点设计产生重要影响。

图 4-18 平安银行网点

4.6.1 网点定位

未来的网点：

零售银行将从酒店业和行业领导者学到的知识用于新型网点的设计和员工的培训；

如有需求，网点可以全年无休，24 小时营业；

网点将成为实施全面品牌战略的重要载体，网点的关键作用就是用来展示和诠释品牌形象；

人工柜台逐渐退出网点，以平板电脑为主要服务设施的网点将展现出电子化、充满灵活性的网点布局；

包括自动取款机的两个版本在内的数字渠道，将转变客户办理业务的模式，可以帮助客户了解、熟悉数字渠道，及参与银行运营，客户访问网点期间也将受到网点员工的热情款待；

许多大型网点内部设置零售商店，招待客户、为客户提供教育服务并承办活动，这些网点功能都应与银行品牌形象兼容。

4.6.2 客户和社区居民访问银行网点的原因

来访者访问网点的目的包括办理业务、接受教育和熟悉功能、参与活动和使用娱乐设施。

未来网点应以开放和温馨的姿态使所有到访者都感到舒适。无论来访者是否办理业务，都可以在网点内放松和休息，享用茶点，阅读报纸，或观看娱乐节目视频和现场表演。来访者可以随意使用互联网，或开展网上研究。网点员工对客户的态度应是友好的，并可以随时向客户提供服务，但是不能对客户产生不必要的干扰。这样的网点将吸引更多的主动性客户。

网点为客户和社区提供娱乐与教育设施。银行网点将成为客户最佳目的地之一。

网点除了可以设置零售点外，还可以为客户和来访者提供购买其他零售商品的机会。

图 4-19　汉口银行网点

4.6.3 品牌和沟通战略

网点能够使用影像媒体和其他大众交流方式向路人和来访者展示其品牌价值和银行活动。无论网点的定位是正式型的还是非正式型的，网点的内部环境、员工的风采和员工的行为，都能够反映银行的品牌定位。来访者对网点的感官体验，将加深其对银行品牌的认知。

与银行合作过的并与其品牌战略相兼容的金融机构，可在网点内进行自身品牌推广或出售产品。

4.6.4 新设备在网点的布放

网点内布放的四种主要设备包括以下四个方面。

自动取款机服务：行业最佳实践表明，将自动取款机设备放置在网点的显著位置可提升网点的功能性。自动取款机设备的强大功能包括处理所有的货币及非货币交易。通过使用最新的ATM技术，自动取款机的性能将大大提高。

平板电脑：未来所有货币及非货币交易都能够使用目前所谓的平板电脑设备处理，这种设备具有很多特点，包括关系数据和图形、高质量的视频链接及电视互联。设备的功能包括办理银行业务、互联网访问、社交媒体、浏览新闻、市场信息和社区信息，及其他能够通过银行渠道提供的有价值的服务。

傻瓜设备（dumb device）：客户在平板电脑或其他终端发起交易后，傻瓜设备可以执行物理输入和输出。例如，客户通过呼叫中心或利用个人电脑在网上银行下单，使用平板电脑购买保险后，这种设备可以打印保险凭证。

数字屏幕：基于推广性、教育性、提供信息和服务的目的，网点将大范围使用数字屏幕。例如，数字屏幕可以显示有用的新闻和市场信息。数字屏幕也可为社区居民提供当地企业推广信息、企业组织目的、其他信息或娱乐信息。网点员工可以使用数字屏幕引导客户使用数字渠道。

正如第二章中“2.3.4客户自有设备”所述，客户自有设备可以接入银行系统执行自助服务交易，或者在网点员工的引导下执行自助交易。在后一种情况下，客户自有设备和网点员工的操作设备将共享交易信息，包括银行设备、客户自有设备间的数据和单据传输。信息和单据将直接发送到客户的收件箱。

银行需要对在视觉和听觉方面存在障碍的网点设备用户提供特殊服务。

健全的互联网和无线网络通信将支持所有技术的应用，并对其发挥全部潜能具有重要作用。网点内活跃的数码设备，不论是银行设备还是客户自有设备，都向银行处理运营数据流的管理能力提出挑战。逻辑分析法对业务发展信息及员工和客户的业务活动信息进行分析。反过来，这些数据对之前业务活动的效果提出有价值的反馈，对实施未来网点战略也具有借鉴意义。

图 4-20　多种自助服务设备

4.6.5 客户数据

在可预见的未来，各种类型的客户信息将驻留在传统渠道，例如，账户信息、信用记录、医疗记录和选举记录。因此，受相关法律的制约，获得客户授权、有资格获取客户信息的机构，因特殊需要和目的可以进入该渠道获取信息，例如客户申请贷款、金融机构查询该客户的相关信息。客户关系管理系统和个人财务管理系统将很好地服务于上述传统渠道，尤其是平板电脑具有的强大的数据处理功能和图像显示功能。

银行已经开始对下述情况进行探索性研究，即未来的客户将对个人数据的保管和发布承担责任。

德国的弗劳恩霍夫研究所（The Fraunhofer Institute in Germany）与其银行合作机构一起探讨为实现上述情况应使用何种技术。客户可以预先选择公开部分或全部个人数据，只有获得客户信任和正式授权的机构可以获取这些数据。

客户数据信息的可用性将对所有类型的交付渠道产生影响，并且对于网点的发展也可能产生重大影响，许多因素将决定网点是否能够创造舒适的环境，及客户是否信任银行品牌和代表品牌的工作人员。

4.6.6 网点设计

由于交易数量的减少，银行的主要目标将转变为建立一个能够吸引目标客户群体和社区居民的网点，并推动该网点成为社区最佳目的地。网点的服务能够满足客户办理银行业务、商务活动和生活需求，网点内的设施也能吸引客户并延长客户在网点的停留时间。网点设计、固定设备、装饰所使用的图像和材料不仅应与银行的品牌价值观保持一致，还应考虑其成本效益。

由于不再需要设置人工柜台，网点可以利用这种布局优势，在网点选址上有更多的选择。这个先决条件可以降低改造网点的成本，也能够更好地适应未来发展。成本管理和价值工程不得以降低质量为代价。

由于一台自助设备便可以执行多种交易，使得网点设计者无须事先规划出网点的各个功能区，对网点安全保卫设施的要求也将大大降低。因此，网点的布局可以更具灵活性。

在设计网点时，应当平衡并考虑企业目标和运行可行性。

4.6.7 业务连续性规划

自助服务设备数量的持续增长和人工柜台的消失，使得银行和网点工作人员可能会遭到设备、通信、电力供应和主机系统故障引起的不良后果。

随着人们越来越依赖自助服务设备，只要出现设备不可用的情况都会产生对银行不利的后果。设备或服务不可用对客户体验和银行声誉的影响是不言而喻的。这是一个值得专门规划并提前配置资源的问题，要确保对可能发生的故障设计应急预案，以防止或减少故障的出现。需要考虑的问题包括备用机器、当地不间断电力供应、预测性维护、可用的替代通信。

第五章

新型网点实现的最佳路径图

为确保新型网点理念能够通过最佳实践转化为现实必须实施路径图为目标市场需求和品牌诠释方式、能够满足所有利益相关者需求的发展新型网点理念的方法和员工管理及讨论转向新的行为模式，促使网点管理方法的转变。

5.1 实施路径图有哪些措施

实施路径图的同时须完成下列战略性任务：

1. 创建一个合理的包括研发功能在内的项目管理模式。

2. 研究目标群体的需求和预期。

3. 研究和创造性思考网点的属性和如何诠释品牌。

4. 研究并为网点设计团队准备一份摘要，确保网点最大收益来源于使用面向客户的数字渠道。建设性地汲取设计团队的创造力。

5. 识别并优先考虑关键技术工程。

6. 确保最终设计具备运行可行性和财务可行性。

7. 设计并建造向所有人开放并且环保型的网点。

8. 在目标群体中测试新型零售理念是否可行，并准备修改或放弃不具备可行性的理念。

9. 建立员工风采、员工行为和技能标杆。

10. 持续性贯彻新行为规范。

本章节主要讨论为确保新型网点理念能够通过最佳实践转化为现实必须采取的主要措施。实施路径图包括三个阶段：

目标市场需求和品牌诠释方式；

能够满足所有利益相关者需求的发展新型网点理念的方法；

员工管理，及讨论转向新的行为模式，促使网点管理方法的转变。

5.2 创建项目管理模型

创建一个包括研发功能在内的合理的项目管理模型：

现代网点的发展要求银行创建一个包含多个学科的项目，这个项目必须配备专门的管理团队，采用正式的管理模式；

项目管理功能负责将使用不同渠道设备的客户获得一致的用户体验；

项目管理还须负责在渠道发展项目中合理、客观地分配资源；

项目具备支持性研发功能具有重要的战略意义。

案例 15 火爆中国的“智慧银行”到底是什么

近几年来，经济的持续发展和科技的不断创新悄然改变着金融生态环境，金融脱媒、存款理财化、互联网金融的异军突起、利率市场化步伐的加快，都在不断冲击着传统银行业。如何应对这些变化和挑战，如何将先进的管理理念与信息技术相结合，融入产品、服务、流程和管理中，利用银行的固有优势更好地服务客户，在竞争中保持领先地位，成为摆在每家银行面前的首要难题，智慧银行的建设工程也因此应运而生。

智慧银行的特点

根据当前各家银行推出的智慧银行建设成果上看，智慧银行具有以下特质：

1. 深刻感知客户需求、具有敏锐洞察力的聪明银行。深刻感知、敏锐洞察客户心思的能力，源于“以客户为中心”的这一服务理念在银行内部的深入，建立在对客户数据的广泛收集与分析应用，响应客户需求的速度与方式，各种智能设备的投放与摆置、各渠道的高效协作与无缝衔接等基础上。

2. 跨越时间、空间，为客户提供全方位服务的便捷银行。客户可以不受时间与空间的限制，充分利用银行物理网点、自助设备和网上银行、手机银行、电话银行、微信银行等与银行沟通，处理包括产品查询、业务预约预填、交易记录查询、交易办理、售后服务等各个业务，最大可能地享受银行提供的便捷服务。

3. 内外部相关方互联、互通、相互协同、共同为客户服务的效率银行。如今，银行的客户数量众多，需求多样化，具有完善的产品线、流程简洁、客户体验佳等特征的银行在竞争中更具优势，这一态势使得银行对内不断调整内部组织架构和职能，增强服务效率，对外寻求更多的合作，通过提供丰富的产品与服务，吸引和挽留客户。

4. 注重风险防范、严格保护客户财产和隐私信息的安全银行。提供多层次的客户识别与认证能力，在不同的认证可信度之下，允许完成不同的业务场景。在高可信度认证之后，所有低可信度业务场景将不再重复对客户进行认证。智慧银行还利用先进的科技手段，对信息的输入、传输与处理进行控制，防止关键信息的泄露。

5. 不断适应客户、优化流程、创新产品和服务、改善管理的自学习型银行。未来，伴随人工智能和机器学习技术的应用和银行应用的平台化、组件化能力提升，大数据分析能力不断优化，智慧银行还将具备自动试错与进化的能力，辅助银行业务流程不断改进，从而促使银行更自动地进行知识与智慧的积累。

智慧银行的智能化功能

智慧银行不仅为客户提供了智能化的服务，解决了很多客户办理业务的难题，还具备许多普通银行网点不可比拟的优势，如聪明、便捷、高效率、高安全、自学习等上文提及的这些特点。下面，本文就根据王先生在A银行智慧银行网点的服务体验案例进行分析，为大家详细解读智慧银行在面对客户的金融需求时，都提供了哪些智能化的金融服务。

案例背景：王先生，30岁，是一名公司职员，新近换了一家公司。根据新公司的要求，需要去A银行开立一张工资卡。而王先生公司最近的地方正好有一家A银行的智慧网点，于是，王先生在网上预约后，前往该智慧银行网点办卡，同时，全程体验了一把智慧银行的智能化服务。

1. 网上提前预约智能方便。

在入职后的某天中午，王先生先登录A银行的官网，通过扫二维码方式添加关注了该行的微信，点击查询附近网点，手机显示附近有三家网点，并且详细列出每家网点离他所在位置的距离、到达方式以及每家网点的人流量情况，同时提示王先生为减少排队等候时间可通过微信进行业务预约和预填单。王先生选择了人流和距离较合适的一家智慧银行网点，并进行了业务预约和预填单，提交后收到短信提示，提醒王先生带好相关证件，前往A银行的智慧网点办理业务。

点评：王先生办理业务之前，在A银行的官网提前进行预约，能提前把控业务办理的等候时间，这样就能避免因等待时间过长而浪费自己宝贵时间的情况出现，提高了业务办理速度。智慧银行利用渠道协同，延展了服务通道，满足客户多种需求，提升了客户体验与满意度。

2. 智能识别促业务办理高效。

当王先生步入A银行智慧网点大厅之后，网点安装的智能设备便很快搜寻到王先生的手机信号，识别出王先生是位新客户，已进行过新开卡的业务预约和预填单，并将上述信息发送至大堂引导员的手持平板电脑中。

大堂引导员收到信息后主动上前与王先生打招呼，王先生顿时有一种宾至如归的感觉。在大堂引导员的协助下，王先生来到自助柜台前，守候在一旁的大堂柜员请王先生出示身份证证件进行身份核实，核实无误后指导王先生进行自助开卡。由于已经在手机上进行了预填单处理，王先生扫描身份证件后，预先填写的通讯地址、邮箱、联系电话等信息自动显示在屏幕上，王先生仅需要核实确认，系统即提示开卡成功。这一过程只用了3分钟，这一高效率不由地令王先生对智慧银行产生了一股敬佩之情，为之赞叹不已。

接着，屏幕继续提示王先生是否需要开通网上银行签约和理财业务，大堂柜员提醒王先生选择开通之后可以足不出户在家里办理转账、代缴水电气和购买理财等业务，王先生毫不犹豫地选择了开通。

点评：王先生进入大厅后，很快就被智能设备搜寻和识别出来，并将其信息迅速发送到大堂人员的平板电脑上，是智慧银行中系统智能识别客户功能的良好表现。如此一来，智慧银行通过对客户进行搜索，第一时间对客户进行识别，从而为服务客户、营销客户赢得了宝贵的时间。并且，对客户的识别还可以根据识别的精确程度进行分级，从而提供差异化的服务能力。

3. 大数据智能分析助推精准营销。

在王先生办理开卡业务的同时，数据分析系统根据王先生输入的个人信息，对王先生的喜好和需求进行了分析与判别，筛选出王先生可能会关注的产品列表，并将这些信息发送给大堂引导员。大堂引导员根据这些信息在王先生视线范围内的电子屏上导入和播放相关产品的广告。

当王先生正准备离开银行时，他前方的电子显示屏播放的房贷产品广告吸引了王先生的注意。由于王先生正准备购买婚房，看到房贷的广告便向大堂引导员询问相关情况，大堂引导员将王先生引导至负责个人房贷业务的置业顾问处。置业顾问详细了解了王先生的支付能力、置业需求等情况，通过电子显示屏向王先生介绍了本市符合王先生要求的在售楼盘的位置、价格、周边配套等信息，并结合王先生的实际情况制订了几套置业方案发送到王先生的手机中。由于中午时间有限，王先生与置业顾问约定周末进一步详谈。

周末，王先生与女朋友如期来到A银行的智慧网点，在进入网点时，放置在一旁的显示屏中跳出一个可爱的卡通人物："热烈欢迎王先生的到来！"逗得王先生和女友都很开心。进入网点并与置业顾问经过进一步交流后，王先生感觉该智慧银行置业顾问提供的信息全面、客观，置业方案专业，值得信赖，在与女友协商后选择了其中一套置业方案，并将房贷业务放在了该银行。

点评：目前，大数据智能分析技术在很多银行都有应用，A银行也依托业务规则配置和大数据分析实现对客户需求进行智能感知，使得每一步服务、每一次营销都能针对客户的需要，令客户满意。而A银行针对王先生的各种喜好和需求进行分析和判别，并精确地推荐置业及房贷业务，使得王先生被该产品吸引，并最终完成置业方案，是智慧银行的智能分析技术准确应用的结果。

4. 无卡支付和吞卡速取安全便捷。

有一次，王先生匆忙出门结果将钱包遗忘在家中，购完物付款时才发现钱包忘带了，十分尴尬。营业员提醒王先生可以使用手机进行无卡支付，王先生立即通过电话银行开通了无卡支付业务，解了燃眉之急。还有一次，王先生在ATM机上取完款后忘记取卡就离开了，几分钟后就收到客服中心发出的短信提醒，提示王先生可根据短信验证码取回已被吞的卡。

点评：王先生瞬间开通无卡支付业务，以及凭借短信提醒及时取回被吞的银行卡，这些都是智慧银行智能化功能的功劳，体验之后感觉既安全又方便。实际上，这都得益于智慧银行践行“以客户为中心”的服务理念，想客户所想，急客户所急，不断运用技术优化服务流程的结果。

5. 多业务整合营销功能齐全。

后来，王先生和女友又接受了A银行理财经理的建议，在该行开设了资金归集账户，通过超级网银，将他行账户上的公积金、医保金等资金自动归集到该银行账户中，并根据理财经理的建议方案分配资金进行还款、存款、购买理财产品、股票、保险产品和消费等。此外，他还开立了该行的信用卡，开通了随借随还业务，以备不时之需；开通了ETC服务，省去每次开车进出高速路排队缴费的麻烦；开通了娱乐消费导航业务，选择持该银行信用卡可打折的商家和商品消费，节省了不少支出。

现在，王先生已成为A银行的忠实客户，时常体验和使用A银行智慧网点推出的新产品与新功能，也会接受A银行专业人士的建议，管理资金、规划未来，智慧的A银行让王先生觉得实现金融服务需求变得越来越便捷。

点评：通过对智慧银行的深度体验，王先生完全适应并认同了A银行的各种智能化的服务，这是智慧银行服务客户、实现智慧生活的一种表现。同时，智慧银行拥有产品、服务、流程、设备、程序等各种强大的软硬件系统平台的支撑，能为客户解决各种金融服务难题，这也是王先生愿意在智慧银行开通各种产品及服务的前提。

智慧银行的应用效果

1. 软硬件设备的建设与完善。

从王先生的案例来看，A银行在智慧银行的建设过程中，坚持树立“以客户为中心”的经营服务理念，着力从流程、渠道、风险控制、大数据、新技术和新设备等几个方面去加强和完善经营服务（主要表现如下）：

（1）流程方面，强调将营销动作自然植入服务流程中，将传统端的流程变为开放性流程，并不断地调整流程的变化方向，使流程更能感知客户的需求、客户的状态、产品的状态，更能适应业务的变化。

（2）在渠道方面，注重各个渠道的协同和无缝衔接，通过多渠道、多方式接触客户，识别客户，在合适的时间、合适的地点、合适的时机、合适的方式，为客户提供合适的产品和服务。

（3）在数据方面，通过多种方式广泛收集客户交易数据与行为数据，通过对数据进行深入分析，挖掘产品创新机会、客户服务能力、客户销售模式与销售机会，将数据分析的成果自动推送到各个渠道接触点，让客户感觉到银行的服务比以往更贴心、细致、周到。

（4）在风险管理方面，将产品、服务和运营管理的合规内控要求IT化，通过多种智能方式、前后台分离、集中作业等手段规范、制衡和监控员工的操作行为，同时对交易进行实时监测，及时向客户或交易人员提示潜在的交易风险，制止不法交易行为产生。

（5）在新技术新设备方面，积极采用创新技术，如智能机器人技术、人脸与声纹识别技术、指静脉认证技术等，提升服务的效率与安全性，增强营销与服务客户的能力；广泛使用智能手机、WiFi 热点、智能自助终端等新型设备，多方位多层次与客户进行互动，既给客户提供了方便，又增加了客户的乐趣。

2. 运营效能的提升。

王先生从A银行提供的智慧服务中，感受到尊重，享受到便利、快捷，体会到专业，收获到成就，最终成为A银行的一名忠实客户。而A银行通过智慧银行建设，在市场营销、成本控制、运营管理等方面获得了很大的提升。

（1）提升销售能力。通过对客户类别和客户行为进行分析，智慧银行能准确预测客户需求，在销售模式上实现产品精准营销、事件营销、情境营销、交叉销售，在销售行为上实现营销信息智能推送、多点协作营销，从而实现客户效益与银行效益双赢的目标。

（2）降低成本消耗。智慧银行的产品和服务流程不仅注重效率，更强调效果。无论是客户自助还是员工协助，都强调业务效用最大化，避免低效或重复运作。通过旗舰店、轻型网点、社区网点、金融便利店等多种业务形态相结合的方式，在保证客户体验的前提下，尽可能复用员工，降低银行的成本消耗。

（3）提升运营管理能力。智慧银行支持智能化运营管理，实现各级领导对客户、员工、渠道、产品和服务等运营情况的实时管控，包括设备运行是否正常，员工分布是否合理，重要物品是否合规处理，运营报表实时生成、操作风险的实时预警与控制等，进而及时发现运营问题，不断优化流程，改进产品和服务。

总之，智慧银行建设需要一个过程，由客户接触层到数据分析层，逐步实施与优化。智慧银行通过产品、服务、流程、设备、程序的衔接与交互，满足、引导和超越客户需求，驱动员工与设备、员工与员工、内部与外部的无缝协作。通过不断的业务流程改进、渠道接触改进、数据分析能力改进、新技术与新设备的应用，将银行建设得越来越智慧。

5.2.1 项目管理

目前，现代网点的发展和建设需求汲取了许多不同学科和文化的精华。但在过去，不协调的现象时有发生，网点转型项目管理实践由银行资产部门执行。在复杂情况不断出现的今天，已经证实上述方法不再有效 。

致力推进网点转型的多学科项目对行业发展具有重要意义；银行任命高级经理设计网点转型战略并推进战略实施。项目负责人应具备零售银行或专业转型管理的工作背景，能够为达成既定的计划设置项目愿景和必要的单项计划。

项目经理还须负责协调网点配置的众多不同渠道，提升客户体验，改进网点功能。尚未成熟的新兴理念和商业机会还不具备操作可行性，但被认为是具有潜在价值的，需要对上述理念、机遇进行测试和进一步研究。

项目经理只能控制与其职责匹配的预算资金。不论是怎样的情形，项目经理有责任确保在各个渠道中合理分配资源，并正确估计项目投资的规模。如何在不同类型的面向客户的技术中分配发展资源是极其重要的。

项目经理还须负责为那些可能被忽视的项目保留预算资金，例如，应拨付的员工培训预算资金，经常在项目末期才被注意到。

另一个重要的问题是确保提前准备、评估和从专业角度考虑渠道投资的所有议案。此外，项目领导者或协调小组能够自行决定如何分配所有的项目预算。

能够将新型网点理念转化为现实的项目可由单独的部门管理，包括具体的项目研究和发展。但是，定期的正式会议应讨论项目的各个方面，每个开发团队又都需要定期报告项目进展，对预先商定的工作日程进行改动须得到项目经理的批准。

5.2.2 研究和发展

前文我们探讨了不断丰富的零售银行渠道选择、产品策略和客户需求的复杂性。如果不是市场领导者，银行为了保持竞争力，必须掌握可能产生深层次、短期或中期收益的新兴理念及其工作原理。例如：

更强的网点内营销能力；

提高运营效率；

更加丰富的客户策略；

宝贵的差异化竞争。

根据零售网点网络配置资源的规模和新兴渠道发展的影响，本指南认为所有机构都应开发专门的研发功能。

零售银行面向客户技术的不断发展，为如何识别合适的技术能够用来支持新型网点设置了障碍。但是，新兴技术对网点具有重要意义。

面向愿意旅行的客户开放的具有丰富内容的知识库，包括在运营实践中获得的无价的反馈信息。市场领导者已经在其最新一代银行网点内，向客户提供各种各样的客户操作终端。

厂商参考网站也对如何开发机构的研发功能提供了解决方案，提供了将该方案应用于实践的途径。许多厂商、研究机构及其商业合伙人已经对零售银行运营有了很广泛的认识，并为市场提供有价值的消费者研究结论。保持与供应商的持续性交流，经常参加会议和展示会，关注市场领导者的实践经验，对于确保银行获取最先进的发展经验有着重要意义。

应高度留意具有潜在价值的新型渠道理念。新型渠道理念层出不穷，如智能手机。电信技术的发展为那些之前很难获得重视的理念，包括视频银行在内，都注入了活力。

消费者态度的变化可能导致对现存技术的不同看法。由厂商或研究机构推出的“实验室型网点”理念，为网点理念的未来发展提供思想指导、经验借鉴和路径指引。监测市场动态、测试新理念和开发各自商业案例作为新理念可行性研究的方式，值得获得更多的资源分配。

5.3 客户和品牌

必须理解银行目标客户群体的需求和预期。在可行的情况下，网点资源必须按照业务价值进行分配。制订了切实可行措施的项目必须能够代表并诠释银行的品牌价值。

5.3.1 研究目标群体的需求和预期

在第四章中，我们提出零售金融服务提供商的主要目标是设计这样一个网点：网点的目标客户群体愿意访问网点并能够与网点建立互惠关系。第四章还给出了一系列独特的目标群体，其中每个群体的需求和预期都是不同的。最佳实践要求，只要具备可行性，网点资源应以更加直接反映网点服务并进行业务关系往来的市场群体的价值方式进行配置。文章还给出了识别不同客户群体的方式。

下文内容会重述业界普遍认为的、值得配置专门网点设施或专门为其设立网点的主要细分市场名单。在网点设计、环境质量、网点员工的角色和可供使用的技术方面应有所侧重。一些机构已经建立了以服务某个具体细分市场群体的网点。银行必须确定目标市场，并对网点应具备哪些特质进行研究。银行希望通过提供非典型的特质实施网点差异化战略。

第四章给出并讨论的细分市场是：

高端市场；

中间市场；

女性市场；

年轻人市场；

移民人口市场；

大众市场；

中小企业市场；

企业客户人力资源市场。

5.3.2 关于网点属性和品牌呈现的创新思考

研究并创造性思考网点的属性及如何呈现品牌。

每个交付渠道的主要任务包括维护和发展客户关系，拓展业务，代表和诠释品牌。在创建网点环境时必须考虑上述问题。如今，行业正处于最富有创造力的时期。第四章中的“4.2.3 网点设计和设施”主要探讨网点设施，并提供很多案例。总之，对基本银行网点属性添加的其他特点包括：

改善网点环境，使客户更愿意访问网点；

完善网点布局，使客户访问网点更加便利；

吸引眼球的休闲体验；

高附加值的增值服务；

向网点所在社区提供自助服务设施。

上述特点、设施和活动都应与银行的品牌价值观相融合及匹配。

大部分零售银行的全球业务都已经或继续保持着商业化，但是同业竞争不断加剧。银行品牌体现组织的内在价值观，能够与客户形成情感纽带。银行品牌的内在价值观，及如何向客户传递价值观，都能够与客户形成强烈的情感共鸣，提高银行的差异化优势和竞争性优势。需要一套实际措施保证能够通过网点网络诠释和传递品牌价值观。下列项目具有关键作用：

企业色彩设计；

沟通战略；

员工行为；

服务水平；

营销战略；

网点装修或装饰的标准—环节；

产品特性；

社区关系；

环境因素。

案例 16　BBVA 怎样定位新概念网点

根据Continuum过去对使用金融服务消费者群体的调研，我们把银行客户的情感需求简单划分为四类：

Recognition 认同感

一个忠诚的好客户想要有点特别的待遇。当他们忠心留在一家银行很长一段时间，在各种生活服务都用上，并按期支付他们的账单时，他们希望银行能给自己相对特别的认同和礼遇，也许在互动细节上他们总与其他新客户有点不同。

Convenience 便利性

客户希望在办理银行相关业务时快速但不感到紧张压迫。客户不喜欢那种觉得自己不够聪明的感觉，尤其和银行交互的时候总是有些东西没法明白。无论在线或是在网点里，客户希望得到清晰明确的指引。让复杂的事简化、让客户得到顺心的体验是对他们的基本尊重。

Reassurance 安全感

鼓励客户与银行打交道的基础就是信心，例如“它帮我把事办好了，问题解决了”和“它明确理解我的需求，我也明确理解它”这样基本的信任感，即使在越来越自动化的今天，也是至关重要的。在零售银行业经常听到行员离职，造成客户对银行是否真正理解他们的需求产生质疑。

Accomplishment 成就感

客户想要感觉到他们有能力在这复杂的金融交易里获取好成绩。他们希望知道成功是通过他们的努力，而不是平白无故地放到他们手上的免费午餐。客户要的不仅是优惠，他们更需要知道他们有为自己争取的能力。

过去的银行，无论是网点或是互联网终端，都还是以银行为中心的思维。银行希望建立阵地来服务客户。客户要办业务，必须跟随银行的身影，用银行的用语来完成银行才能完成的东西（无论实体网点还是网银 App）。

未来的银行，将是真正意义上以客户为中心、满足客户情感需求、“我在银行在”的银行。现在被分隔的银行业务，未来将通过云端实现无缝连接，实现连贯如一的客户体验，客户只需要告诉银行他们要做什么，而不是银行告诉客户该怎么按照银行的要求来。

以消费者为中心的银行对零售银行业而言是一个全新服务模式。BBVA 提出这样的模式是在 2009 年，距离现在有六年的时间跨度。即使现在来看，这一模式依然不过时。这也是通过深入客户调研和技术趋势研究，为策略的长期有效性带来的好处。

BBVA 未来银行这种模式具备了这样几个特点：随处可用、简单明了、程序透明而且人性化，这听起来更像是典型的零售体验，而非传统的银行服务。服务模式涵括网络银行、远程协助、咨询中心、易捷银行（Easy Bank）、自助终端、POS 银行服务、得来速银行服务（Drive-thru Banking）以及口袋银行服务（Pocket Banking）。这让 BBVA 的顾客们无论在任何地点，任何时候，都能够有适合他们的方式与银行互动。便捷、覆盖面广的渠道及透明的解决方案和对消费者的理解是我们设计这套新模式的指导原则。

5.3.2.1 企业形象

需要为不同的目标客户群体、文化和民族，设计具有正面联想意义的颜色和图形的不同配色方案。无论是沿用企业原有标识，还是为新企业设计标识，企业标识对企业发展都具有重要作用，应通过市场调查对标识的价值进行评估。评估可以单独进行，也可以纳入对新网点的运行模式测试中去。

图 5-1　体现企业形象的网点

5.3.2.2 员工行为和服务水平

员工行为和服务水平需与品牌价值保持一致。营销策略提供了一个示例。不论采取何种营销策略，网点员工的执行力度和执行能力均会对塑造银行品牌和提升银行声誉产生重要影响。

银行的服务水平在很大程度上将其与竞争对手进行区分。目前，随着社交媒体发挥的作用越来越大，对机构管理成功和失败的讨论比以往任何时候都更为广泛。长期的全国性调查，消费者团体和行业监管机构的监管重点都将关注是否能够公布有关服务标准的信息。在当地社区，网点就代表银行品牌，并且是满足客户预期的主要渠道。当然，员工的角色也非常重要。

5.3.2.3 营销策略

在产品销售型营销战略和需求型营销战略之间，银行采用的商业发展战略会有所不同。银行采取的营销战略不同，网点的角色也不同。采取更加注重产品营销的战略可能意味着网点提供较少的售后服务，这样就要求直接渠道能提供更多的售后支持。这种情况下，网点的角色是前台整体营销驱动的，不会对客户消费的后续活动配备相关的工作人员。

需求型或关系拓展型营销策略通常要求银行承担更多的责任。客流量越大越好。接受良好培训的员工能够尽可能地与客户进行沟通，来访者能够为网点提供更多的营销机遇。网点设置的直接渠道供客户24小时使用，在营业时间内客户也可以直接拨打网点电话。网点采用何种营销策略及如何执行这些策略将对品牌形象产生直接影响。

5.3.2.4 产品特性

银行提供产品和服务的范围及银行具备的特点，将对品牌感知产生影响。银行必须确保其网点产品策略与其企业品牌价值相契合。

5.4 设计和运行可行性

项目团队必须制订一份明确给出银行和网点商业目标的摘要，包括财务可行性需求。

银行需完全利用设计团队的创造力和经验。摘要应包括须使用何种技术及其在网点内所发挥的作用。最终的设计必须最大限度地提高网点可访问性和环境敏感性。

5.4.1 设计团队摘要

研究并为网点设计团队准备一份摘要，确保网点最大收益来源于使用面向客户的数字渠道。建设性的汲取设计团队的创造力。

网点设计的关键成功因素，包括符合创建网点目的、网点大小适宜、产品价格合理。新型网点理念若存在任何缺陷，都会导致次优的投资回报。因此，必须确保为网点设计者提供一份全面、详细的摘要。摘要的主要内容应包括对银行目标客户群体预期的研究结论。

网点设计后期，若对网点环境（或其他因素）提出替代方案，并需要做出最终决定时，可以对最初的研究结果进行补充。很重要的一点是，必须将新网点内使用的工作人员的行为要求考虑在内。

5.4.1.1 网点功能区

划分网点功能区可以作为评价新网点功能性需求是否得到满足的一个长期并且有效的框架。网点的每个功能区都配备了客户操作设备，包括专门为特殊市场细分客户群体打造的设备。在这个阶段，可以开始考虑减少区域总数，如减少人工柜台被视为一个战略性举措。因为自助服务设备可以处理所有交易。

银行可以选择采用或忽略网点功能分区的做法，但是这种做法为如何有效布放面向客户设备提供参考。例如，网点大厅延长服务时间意味着该网点内的一个功能区可以提供24小时服务，这将导致网点设计和通讯的变化。

本文提出的全面发展的零售网点，通常包括以下功能区域：

1. 网点正面区域；
2. 自助服务大厅；
3. 专门的数字化展位，例如，视频柜员和视频咨询区；
4. 浏览和发现区域；
5. 新技术推广区；
6. 为客户和社区居民布放的设施；
7. 咖啡店或其他非竞争性零售点；
8. 礼宾区（迎宾区）；
9. 等候区；
10. 开放式和封闭式的咨询区；
11. 传统柜台；
12. 为细分市场群体准备的设施；
13. 为客户和社区准备的活动设施区；

14. 相对紧凑的后台办公区。

5.4.1.2 特性和服务

网点设计的第一个创造性工作就是确定网点应具备何种特性、应提供何种服务。应着重考虑整体的客户体验。跨功能思考和使用经验丰富的设计者，都将确保设计者酌情采用行业内的类似做法。

设计摘要应对网点环境、装饰、保护客户隐私的程度及其他在研究过程中显露的因素进行考虑，这些因素常常是主观的。设计时应考虑家具，例如，椅子和桌子的形状，应能够帮助网点创造便于客户、工作人员共享且利于洽谈的方式。

设计者应明确商业目标，包括理解目标客户群体、限制资源、投资障碍及其他可能影响或限制网点发展的商业因素。所有上述因素都非常重要。另外，摘要应表明设计者将以何种限度来利用通讯策略。

在设计过程中的各个阶段，银行都应支持形成网点理念的设计者最大限度地利用所有可用的渠道技术。银行也应为设计者提供每个新渠道对网点转型的意义和作用。例如，未来网点将很少或不使用传统的销售材料或标识。传统的通信功能将被大小不一的数字屏幕所取代。数字屏幕可以放置在网点橱窗内、网点入口和客户进入网点会注意到的显著位置。

信息和互动设施将有利于引导客户办理业务、宣传网点功能和传递品牌信息。这些信息将促进员工交流，也会促进网点与社区和其他非银行团体的沟通。客户可以使用能够与互联网连接的数字屏幕办理银行业务或进行社交沟通，并且可以访问电视渠道。

5.4.1.3 客户操作终端

客户操作终端的首要设计原则是将终端布放在使客户与员工能够进行非正式接触的位置。

图 5-2　平安银行综合柜员机

不断给网点设计者造成难题的第二个设计原则是保证人工柜台、自动取款机和其他自助服务设备尽可能在位置上彼此接近。至关重要的是，网点员工能够接近排队办理柜台业务的客户，并向其推荐自助服务功能。

5.4.1.4 灵活性

21 世纪网点设计的一个主要特点和原则就是保持网点的灵活性。交易的性质和数量将随着下列因素的变化而改变：

业务数量增长或下降；

客户类型变化；

票据、硬币和支票用途变化；

数字设备的范围、性质和用途的变化。

上述每个因素都会对交易量和交易性质产生实质影响。在很多案例中，上述情况都要求网点增加设备数量，因而改变网点布局。经营场所、固定装置和网点装饰必须能够进行快速且经济的重新组合。

确定了新网点的主要组成部分后，据此形成一份正式签署的设计摘要是非常重要的。撰写摘要可能会经历一个反复的过程。通常情况下，由银行撰写摘要，但是部分摘要内容由设计者通过访问和会议的形式确定下来。

5.4.2 关键技术项目

确定并优先考虑关键技术项目。

网点模型的发展为定义新型数字项目和其他能够实现新型网点理念的手段打下了坚实的基础。主要目标包括如何促进传统自助服务设备和新型数字渠道的发展，使其发挥更大的优势。

技术项目可分为：

短期内一定可以成功实施的项目（可轻松实现的目标）；

进行深层次、大范围调查的项目；项目的影响力可能会更大，具备价值回报的可能；

项目具备价值回报，但是实现项目所需的技术还不具备稳定性；需要进一步调查，可以推迟调查时间直到解决方案具备可行性；

达成项目目标需要采取的一系列步骤包括：短期内需要调查并实施一些步骤，实施过程很可能需要配备其他功能，保证在可预见的未来达成项目目标。例如，历史上逐渐出现的自助服务功能，目前，这种功能可以处理柜台交易。

应确定为达成项目目标所需实施的个体项目，需要重视并研究任何新兴理念或机遇。设立愿景的过程和达成目标的路径，要求我们讨论在何种情况下，项目应被优先考虑并配置资源。理想的情况是，这种讨论将成为企业计划过程的一部分，并应以年为时间单位对其进行重新审视。交付渠道战略的动态性决定了不可能出现计划已经执行了一整年而不对其进行任何改变的情况。

设计方案也为理解上述情况的深刻影响提供了从预算需求到通讯要求的平台。基本支持项目可能包括对通信战略的重新重视，确保网点网络能够承受由终端活动引起的额外负担。在某些国家，传统通信基础设施可能不完备，替代方法例如使用卫星通信。

仅一个单独的供应商无法满足机构的复杂需求。因此，建立一个多供应商平台成为转型项目中一个至关重要的任务。

5.4.3 运行可行性和财务可行性

确保最终设计具备运行可行性和财务可行性。

应欢迎和鼓励设计团队向网点设计项目投入热情和精力。纵观整个设计过程，委托银行对设计项目各个方面的严密控制是至关重要的，以保证银行能够评判新型理念是否具备运行可行性和财务可行性，必须由银行团队的高级成员承担上述责任。

第一版设计方案发布时，应考虑并重视客户反馈对设计方案的重要价值。本节内容重点强调员工参与设计方案的价值在于能够确保最终的设计具有现实可行性，并能够体现对员工的承诺。这将成为新理念成功的关键。

应考虑的现实问题包括：

网点功能区的位置划分，例如，等候区的设置应远离排队区，自助设备应布放在柜台排队区的周围；

供员工与客户及其他人员进行非正式接触的空间，例如，休闲座椅和平板电脑放置台；

互动屏幕的位置，例如，将其设置在客户通道周围或窗前；

客户隐私的保密程度，例如，保护咨询隐私，或保护使用视频银行客户的隐私；

网点家具的充足性和耐久性，例如，网点家具的风格和网点建造材料的坚固性；

网点员工负责设备的一线维修，例如，维修自动取款机和自动存款机；

为员工配备足够的设施，例如，召开团队会议和提供免费茶点。

本书强调的全方位新型网点理念，最初是为大型旗舰网点量身打造的。但至关重要的是，应确保大多数网点网络的新设计能够在不同类型和不同规模的网点，以同等的效用被实行和实施。

为那些正在应用新型零售理念的网点制订设计清单和设计标准，作为其行动指南。任何新型网点理念发展的最终要求是工程经济学。工程经济学的目标是确保新型网点模式对建造成本和运行成本的投资能够提供最佳的经济回报。推行成本管理将保证可以设立网点的位置存在多种可能。

网点呈现标准要求，必须在管理者中间明确各自所应承担的责任，必须在员工中间明确集体所有制。不仅包括物理环境，还应包括面向客户终端和其他重要的系统设施。上述所有问题都应与银行想要呈现的品牌形象保持一致。

总之，网点设计将受到很多不同因素施加的压力。网点交易增长将带来对网点容量的更高要求。引入新型零售特点，包括额外客户设施，可能改变网点原定的布局方式。另外，采用新技术也可能使网点布局做出相应的调整。其中最明显的是柜台设施的逐渐削减和新设备的投入使用，例如平板电脑。

为了追求网点最大限度的灵活性，银行应向资产管理专家和设计公司寻求建议。这样做的目的是在保持网点零售环境质量不变的情况下，以最快的速度，最小的成本，应对市场上出现的新变革。

案例 17　如何建设新概念银行网点

随着金融脱媒的日益严重，数字化渠道发展的强势，客户的交易行为也随之产生了持续的变化，本让人们所熟知的传统银行网点开始变得无关紧要了。

在这种大背景下，必然会有一部分网点被关闭，而保留下来的网点也需要思考这样一个问题：怎样才能在高效率、低成本的前提下，把更喜爱数字化的消费者（包括年轻一代）吸引到网点来？

很明显，银行需要改变网点的运营模式，使网点更具成本效益，并成为服务客户、满足客户需求的核心环节。“网点的变革已经迫在眉睫，不容有失。”这是晓星集团（美国）总裁兼首席执行官 Andy Orent 的原话，说明银行网点转型是大势所趋。可是，如何对网点进行变革才能重新将客户吸引过来呢？这是很多业内人士都想破解的难题。

据资料显示，许多银行在新一轮网点转型过程中，逐渐兴起了新概念银行网点建设的潮流。而新概念网点革命的核心就是采用新的自助服务技术代替柜员的服务，从而提升单一网点的人均产能。这或许能够破解当前网点发展出现困顿的迷局，既然新概念银行网点转型已成趋势，那么我们不妨一起来详细分析和探讨一下，新概念银行的转型与建设究竟该如何开展？

新概念银行网点建设两步走

据研究资料显示，在新概念银行转型中做得比较好的银行网点，除了有来自银行自身的支持以外，它还得到了外部机构的帮助，所以在转型中更具积极性。不过，外部的帮助固然重要，但是真正要想把转型做好还是要靠内部的力量。

新概念银行的网点转型工作究竟该怎么做呢？我们不妨从战略和实操这两个方面去考虑：战略上高度重视和多方支持；实操上以人员和设备相互配合，以期达到网点效能的逐步提升。

第一方面，战略上：高度重视 + 长远规划 + 财务支撑。

1．高度重视。

在新概念银行建设的“大桌”上，每个部门都应当有发言的“一席之地”，包括渠道管理部门、科技部门、电子商务部门和具体业务部门……所有这些部门对于“应当如何开展”可能都会有不同的职责和看法。有这么多涉及既得利益的“党派”在“大桌”上争论，很可能会延缓转型的过程，但这是非常必要的。

随着网点变革的推进，重要的是把相关措施上升到战略高度，并将总体战略作为中心，确保总体目标得到实现。同样，银行要将转型作为一项持久战，而不是抱着“做一下就完了”的心态。因此，银行要将新概念银行网点的建设作为一项重要的发展战略，持续推进。

2. 保持长远的发展规划，实现利益目标相一致。

目前，很多银行对于新概念银行的态度是：先尝试着更新一批看看效果，并没有更为长远的规划。银行通过对一两家新概念银行网点进行转型尝试，虽然能更好地认识到网点转型的好处和可能的需求，但是他们并未制订大批量进行复制的策略，而且真正大批复制也并不是一件简单的事情。

此外，新概念银行网点的转型升级是否能够为银行的长远发展带来较大的商业利益，也还需要时间来验证。所以，我们想要强调的逻辑是：新概念银行建设的目标应该符合银行的业务需求并不断调整优化。当然，只要新概念银行网点能够为银行带来一定的收益，银行一定会把它作为长远的发展目标，并大批量地进行复制。

3. 以正确的财务策略支持。

在推进新概念银行网点建设的项目中，最离不开的就是财务支撑。当然，合理和正确的财务支持对新概念银行网点的转型和建设十分有利。因此，银行最好先测算所有网点的现有成本，包括房产成本、人力成本、设备成本/折旧、交易成本，在比较不同网点的成本构成的基础上，遴选出最适合进行新概念银行建设的网点。

在营收方面，网点建设完毕后，将助推网点销售业绩的提升。与银行对客户流失的担心不同，在新概念银行中，60%到70%的销售仍然发生在网点。因此，银行有必要保留一定的网点规模来维持财务指标。Andy Orent认为：“一个成功的新概念网点将实现降低成本的目标，但也应该提升客户服务体验，给网点更多支持，同时保证有足够的人员去推动销售。”

第二方面，实操上：业务转移＋内部整合＋自助服务。

1. 将日常交易移出柜面。

根据旧金山联邦储备银行统计，在银行和信用社的大多数现金交易中，仍有12%的业务在网点的柜面处理。换句话说，网点仍在处理大量的基本业务，而这些业务其实完全可以用自助化的方式去完成。

为了让这些交易远离柜面，银行必须采取一些必要的措施。比如将日常交易移出柜面；将行员更多地投入到客户服务与销售的角色中；增加自助设备的使用率……自助设备不仅要能完成基本的存取款交易，还需要能胜任更为复杂的职能，尽可能覆盖掉柜员的所有日常工作内容。

2. 创建积极的自助服务体验。

在Lextant推出的一项银行客户行为的研究中，研究者关注客户为什么不是通过ATM机办理业务，而是坚持去柜面办理的原因，并揭示了顾客究竟想从自助服务中得到怎样的服务体验。

概而言之，银行要想在自助服务上取得成功，必须确定网点的自助服务能满足客户以下三种需求。

（1）快速：自助服务设备应当随时准备交易，并能立即为客户提供所需的服务。

（2）简单：运用最新的技术，将操作简单化，无论客户是谁，都能让客户避免来学习“如何使用设备”。

（3）私密：银行要为客户提供一个隐秘、安全的洽谈区域，保证客户有充足的个人空间，让客户有深思熟虑的缓冲区。

可以预期的是，客户一旦发现自助设备的优势与便利，必然会选择离开柜面，去自助设备上办理业务。以摩根大通银行为例，他们建立了专属的自助服务亭，提供支票兑现、定额取款、信用卡账单支付、预付卡费以及汇款等业务支持，客户还可以通过自助服务亭里面的平板电脑，实现账户的开立，实现柜面的所有基础功能。

与此同时，在自助服务设备高度普及之后，网点将不再需要那么多用于处理日常业务的行员。如澳大利亚联邦银行就推出了自己的“teller-less（无柜员）”银行，其自助设备能让客户在白天或夜间进行各种基本交易；澳大利亚国民银行也在其智能网点的设计中融合了iPad、触控式屏幕和各类自助机具，并将各类自助机具的服务体验设计得足够友好。尽管没有传统的柜员，但是客户可以选择一系列的“智能设备”或iPad以及触控式屏幕，来与网点中的销售人员（传统的柜员其实可以转化为销售人员）直接交流，这种新网点面积比传统网点的面积小25%，但比传统网点营业时间更长。

3. 对网点人员、流程和技术做内部整合。

由于在新概念银行网点转型及建设项目上，并没有一个放之四海而皆准的方法。网点人员、流程和技术的整合，将允许不同的网点模式出现，而这种整合与转型将会提高银行的投资回报率，并改善目前的客户服务水平。所以，内部的转变或整合是势在必行的。

而在新概念银行网点转型过程中，网点员工的角色转换就是首先需要妥善处理的问题。银行只有了解每一位行员的具体情况，才能据此确定员工是否需要再次培训、重新部署或是雇佣新的行员。

“很难想象，在一家老牌银行，过去的服务型行员需要转变角色变为销售型行员……而且，还需要适应越来越多自助设备的出现。”Orent说：“你必须考虑到自助服务和真人服务之间的不同规则，并依据客户的使用习惯和银行的风控需要来进行极为细致的设置，比如限制某笔现金提取以及推算出客户为何要拿出这笔钱的原因等。”这种员工角色的转型可能有些敏感，然而，当行员认为他们的工作岌岌可危时，或许会被迫做出新的突破。

总之，由于新概念银行网点转型建设是一项艰巨的任务，这当中会涉及网点内部各个岗位的员工和操作流程，甚至包括科技公司和银行内部的技术整合，因此，要平衡好这三者的相互关系，才能把新概念银行网点建设项目良好地实施下去。

5.4.4 提供无障碍环境和环境友好型网点的责任

设计并建造对所有人都无障碍的、环境友好型的网点。

5.4.4.1 提供无障碍环境

通过平等访问实现对残疾人表示尊重和体谅的原则，是目前行业公认的原则。由政府倡议，慈善组织和消费者团体已经成功转变了人们的态度，也成功将该原则提升到法律合规层面。

设置网点、布放自动取款机和其他面向客户终端的金融机构已经深刻地认识到对残疾人提供平等访问环境是他们的合规业务。

5.4.4.2 打造环境友好型网点

完成设计网点时成功遵循标准后，设计者应考虑环境保护问题，如碳足迹问题。转向建造并运行环境友好的新型网点运动已经开始，并且存在成功案例。

自助服务产业的发展也开始体现类似的足迹。最新一代自助服务设备的特点是使运营者能够大量削减设备的碳排放量。在自助服务设备领域减少碳排放量的做法表明，前期所做出的巨大努力是值得的。然而，打造环境友好型网点方面，仍须走得更远。

5.4.5 测试零售理念

在目标群体中测试新型零售理念，并准备修改或放弃这个理念。

测试新型网点理念有很多途径，经常使用的就是全方位复制新型网点。本章前文提到项目领导者应理解目标客户群体的需求。另外，应根据实践要求去测试通过交流策略向客户传递的关键品牌和推广信息的实效性。

上述测试还应确保成功推进所有用户平等使用网点设施。这些都是网点转型路径图描述的最基本的原则。应对客户对新型理念的反映进行测试，确保路径图提出的所有问题都能得到客户的积极回应。仅获得普遍的积极回应是不够的。

若客户反馈未覆盖上述具体问题，则必须采取措施通过模型重塑对设计进行改进。若测试仍然无法获得要求的客户反馈，则银行必须考虑放弃第一款设计，通过使用客户反馈的意见来开发另一替代模型。

这个阶段的关键目标是确保银行投入的资源能够被有效地分配。若在此阶段投入额外的资金能够保证设计不会偏离正轨，则应做这笔投资。继续开发无法得到客户认可的模型将导致无法达到最优的投资回报。

5.5 人员问题

使用能力足够并且得到网点授权的员工是网点成功转型的重要因素。员工行为规范必须被确定，并且对员工进行培训和考核，保证行为规范的一致性。网点负责人应在持续性的基础上实施上述标准，并且时刻遵守这些标准。

5.5.1 设定员工面貌、行为和技能的标杆

为员工面貌、行为和技能创建标杆。

近年来，网点员工的角色和能力越来越受到重视，受到重视的还包括鼓励和转移客户使用自助设备和网点内其他类型终端有关的问题。业界普遍认为，提升员工的人际交往能力和营销能力是非常重要的。高效率的员工可能提高客户的投资参与度，从而拓展客户关系，因而提升自身工作效率。目前，能够重视上述问题的机构，都能通过提升员工能力方面获益。

网点最主要目的就是代表品牌形象，传递品牌价值。因此，网点内员工的行为应该契合品牌承诺。另外，能力强、有责任心的员工在与客户进行正常对话时也能够向其传递品牌相关的信息。不论在网点中扮演何种角色，员工必须能够遵守预定的行为准则。反过来，这也将服务于银行的差异化战略。

拙劣的人际交往能力会破坏客户关系，员工在与客户交流中体现的无所谓或不得当的行为方式将导致客户厌烦与网点员工的接触。缺少营销策略的执行力不仅仅意味着错过营销机会。这将对银行的声誉和品牌形象产生不利影响，也可能导致客户不再忠于银行品牌，不再认同品牌价值观。上述问题也同样适用于网点柜员的行为。虽然网点使用的柜员数量将减少，但这些人员在保持客户关系方面的作用依然强大。因此，必须就上述问题对他们进行培训。

在建立员工行为规范、员工培训和设立标杆时，必须考虑下列因素：

仪容；

基本的问候礼仪；

礼貌性询问；

同理心；

对问题的理解；

说明将采取各种行动；

沟通和解决问题；

熟悉新技术，鼓励并教导客户使用新技术；

确定客户的业务具有价值；

友好、礼貌地与客户道别。

不同的文化和细分市场可能导致银行转变行为模式，例如对眼神接触的重要性认识。上文列出的所有项目都应纳入银行为员工行为规范当中。

金融服务机构已经展示出越来越强烈的学习其他行业相关经验的意愿。许多银行向酒店业和航空业学习服务理念，并获得了巨大成功。本指南调研过程中的结果表明，越来越多的银行从上述两个产业中聘请培训专家对员工进行服务理念培训。酒店业和航空业的领航者为提升客户参与度设定了员工行为规范和行为标杆，包括对员工提供服务中可能会使用的语言进行培训。

行为规范和标杆为员工提供了清晰的行为指引，也成为从客观角度对员工行为进行评价的方式。同等重要的是，上述标准和标杆提供一致的、与品牌兼容的、高质量的客户体验。

5.5.2 可持续的行为规范

在可持续的基础上执行新的行为规范。在实施新的行为规范的同时，许多组织根据新行为规范评选出了领头羊或模范。这种做法将行为规范的最佳员工挑选出来，形成一个团队，这个团队能够引领其他员工共同遵守网点的行为规范。这些员工既是行为标杆，也能够与其他员工就新行为规范进行有效沟通。

为员工设计的教育性课程的重点在提高员工的人际交往能力、专业知识和技术知识。人际交往能力的培养涉及周边关系管理，包括语言的使用。专业知识和使用网点先进技术的能力被视为具有同等重要的作用。

此外，银行应培养员工在新型零售环境中与客户寻求对话机会的能力。创新功能可能通过新技术、新设备提供营销帮助的形式表现出来。在培训后期，若员工必须能够在所有环境中向客户展示自身的能力，则可以通过测试并独立为客户提供服务。最佳实践要求，为执行新行为规范而树立的行为标杆应在网点应用一段时间，从而保证新行为规范能落地生根。这些标杆可以被员工用来直接与客户接触。因为标杆的重要作用在于确保新的行为规范已经成功地深入到员工的行为中去。

行为标杆离开网点之后，网点在强化行为模式和行为规范作用的同时，新的理念和其他团队成员会被引入到该网点。当地网点负责人的责任是确保一致的行为规范，负责人也将作为行为教练不断督促员工执行行为规范。当地负责人对网点员工的整体表现负责。反过来，负责人应考核每个员工的执行情况，必要时给予适当的指导或惩罚。

应创建这样的一个机制，可以接收和评价运营环境产生的反馈，也可以针对反馈情况制订相应措施。执行新行为规范的网点负责人参加的定期会议，可以提供基于真实经验有效用的反馈信息。

第六章

如何在中国构建新概念银行

以客户为中心的经营理念，随着中国银行业经营市场化程度越来越高，而倍受重视。本部分我们将探讨的范围界定在从客户的转变来看零售银行网点发展面临的挑战，并对此进行思考和探索。

6.1 新概念银行的机遇与困惑

通过前面的表述，相信读者已经对新概念银行的来龙去脉有全面的了解了。在本书的最后一部分中，我们也将着重探讨“如何在中国构建新概念银行”这一话题。

具体来说，我们希望在这一章中回答下述问题：

1. 如何运用新技术助推业务发展？

2. 如何进行线上线下整合营销（O2O）？

3. 新概念银行的功能定位是什么？

4. 如何打造新概念银行？如何进行规划设计？

5. 如何运营新概念银行？新的服务销售流程有何改变？如何改变？

6.2 零售银行渠道网点发展趋势

影响银行业发展与变革的因素很多，例如经济政策环境、竞争者、科技与创新技术、消费者行为等。银行作为半市场化经营性机构，其每一次新的发展变革，都是随客户行为的改变而改变的。因此，以客户为中心的经营理念，随着中国银行业经营市场化程度越来越高，而倍受重视。本部分我们将探讨的范围界定在从客户的转变来看零售银行网点发展面临的挑战，并对此进行思考和探索。

6.2.1 挑战：银行业面临新的变革压力

2013年以来，互联网金融来袭，余额宝异军突起，引发的互联网理财热潮，开启了中国互联网金融的新纪元；2014年，P2P、众筹、微信红包等积极跟进，进一步把互联网金融推高到一个新的阶段；2015年，民营银行获批、利率市场化改革迈出最后一步，越来越多的银行开始发现，已经无法再靠传统的利差来获得盈利，而必须彻底、深入向零售业务转型。由此，各种各样的零售业务模式创新在中国各地涌现。

互联网企业的发展在这几年进行了互联技术应用的广泛普及，使得资讯时代下的客户享有更多选择、更多连接方式，以及更好、更快、更便捷的服务模式，造成消费者行为加速改变，给零售银行业带来很大的冲击和前所未有的发展压力，银行业面临新的变革压力。很多银行从业人员都开始担心银行未来的发展前景，并在心里对“未来银行网点会消失吗”打上一个巨大的问号。

这种未来网点消失论不是没有来由的，早在1995年，比尔·盖茨曾预言，“传统银行不能对电子化做出改变，会成为21世纪行将灭绝的恐龙。”而2013年，欧美畅销书*Bank3.0*的作者Brett King也预言，随着科技与创新技术的发展，“银行将不再是一个地方，而是一种行为”，银行业务随处皆可，已不再是只有银行独有，银行网点在未来会消失！

纵观境内外银行经验，专家总结，银行渠道变革发展从开始开始到成熟成熟，经历了四个时期。

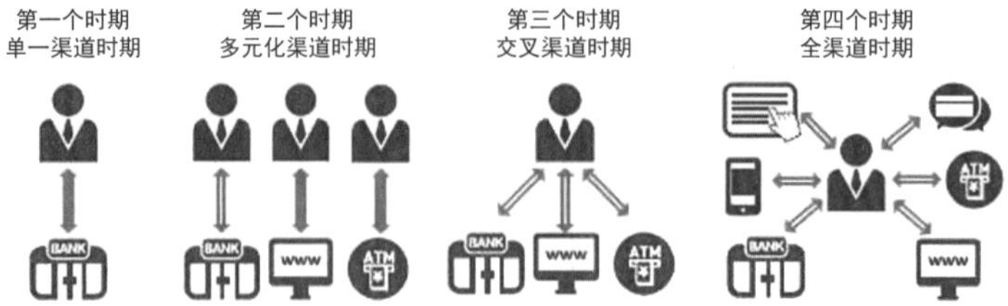

图 6-1　银行渠道变革发展的四个时期

第一个时期：单一渠道时期。过去客户对银行的认识，是通过物理网点渠道，物理网点是银行客户的单一接触点并进行交互的地方，所有的银行交易业务都在网点完成。

第二个时期：多元化渠道时期。这个时期银行增加了 ATM 自助渠道、电话银行渠道，为客户提供了更多的渠道。2000 年年初，互联网兴起，银行发展网上银行渠道，客户可以通过互联网进行线上交易，客户对银行的品牌认识从原来的物理网点单一的渠道，进入到“多元化渠道”发展时期。不过，这个时期渠道各自分离，各自成为独立的服务平台，多头服务客户，渠道并没有效整合。

第三个时期：交叉渠道时期。随着各渠道的进一步发展成熟，先进的银行发现，现有渠道从银行自身的角度出发来提供客户服务，不能以客户为中心。于是，先进的银行开始调整战略，建立以客户为中心的渠道整合。进入“交叉渠道时期”。对客户而言，在任何一个渠道都能够接触到银行整体一致的品牌，获得快速、安全和更佳体验感的服务，渠道的综合潜能得以激发出来。

第四个时期：随着互联网金融、移动技术和社交媒体的发展，银行不得不重新审视自身定位，在原来 PC 电脑网上交易增加了平板电脑、手机银行等电子渠道，银行进入全渠道发展时期。此外，银行在第三时期的基础上，更加凸显“客户”这个核心要素，围绕以客户中心的经营理念，各渠道发挥各自的服务优势，“在任何时间、任何地点，以任何方式为客户提供多功能、全天候、个性化的金融服务”。未来，银行全渠道客户品牌认识与体验将成为常态——物理网点、网上银行、社交网络、数字设备等资源将有效协同，实现创新的、无缝多渠道的和个性化服务，从而满足客户期望。

从上面这四个发展阶段规律来看，任何一个新的渠道产生都不能完全取代原来的渠道功能，至少在未来很长的一段时间里，也就是全渠道发展时期内，渠道网点还是需要发挥它的功用。只不过其功能需要重新定位，结合其他的渠道共同为客户提供最佳的服务体验。

6.2.2 银行网点渠道的三个转型时期

一边是惶恐不可测的未来，一边却是对未来无限的憧憬与探索，银行要转型，零售网点也要转型，网点功能的重新定位思考，促进零售银行业各种创新如雨后春笋般发生，在未来渠道网点经营模式上积极探索，金融小超市、社区金融网点、咖啡银行、智慧银行网点等，出现了各种概念的新生代网点形态，业者称此现象为“传统网点进入复兴时代”。我们现在检视一下境内外银行的网点渠道经历过的两次转型：

1. 从 1.0 交易型网点时代到 2.0 服务销售型网点时代。

境外银行在 20 世纪 90 年代初就开始从交易型网点向服务销售型网点转型。2000 年年初，中国银行传统的网点面临第一次转型，从交易型的网点向服务销售型网点转型，那时候的转型，是因为随着中国经济的快速发展，人们渐渐富裕，银行为留住高净值客户，对客户提供差异化分层服务，于是网点从过去的只有高柜和后台的简单结构，转变成除了高柜、厅堂，还划分出理财中心、财富管理中心等区域为不同层级的客户提供差异化服务的结构，网点经营结构模式发生转变，相应地，网点在流程、人员构成、业务模式、盈利模式等都发生转变。这个时期银行网点从 1.0 时代（交易型网点时代）进入 2.0 时代（服务销售型网点时代）。

反观渠道网点 1.0 转型到 2.0 的十年发展过程，传统网点业务在转型中面对需要突破的各种观念、实践上的障碍，例如，业务从高柜向低柜分离的纠结，人员从作业向服务销售转型的困扰，网点从交易向服务销售转型的困难等等。即便是到了十年后的今天，这场转型在一些银行还停留在半拉子工程上。还没来得及完成网点 2.0 的转型，新的变革又迫在眉睫……

2. 移动互联网兴起改变消费者行为，预示 3.0 时代到来。

埃森哲关于零售银行的最新报告指出，目前，网点暂时仍是银行最主要的服务交付渠道。据埃森哲的研究结果，客户还是喜欢物理网点多于网上银行，但这一比例正在缩小，已从 41% 降至 35%。埃森哲的这份报告显示，有近五分之四的受访者（78%）认为他们在未来五年内还会像往常一样使用物理网点。同样也有 66% 的受访者表示还是喜欢在网上跟人沟通并购买银行产品——如果未来5年客户造访物理网点的比例降低了，这就是原因之一。

算一算经济账：美国排名前 25 位的银行，每年耗资 500 亿美元来维护全国范围内超过 43000 家网点。同时，成立一家新的网点所需的平均成本已经超过 200 万美元。这种状况也开始引发中国银行业者的关注与思考，新技术与互联网金融的发展，加上网点建设高昂的成本，给零售银行业带来很大的冲击和前所未有的发展压力。客户来网点交易次数越来越少，如今的网点经营模式还能适应这种变化吗？这一切都预示着网点新的转型变革 3.0 的到来……

6.3 探索：常见的新概念银行经营模式

综前所述，目前国内外银行在新概念银行建设上的各种大胆的尝试和探索，大致可以归结为以下三类。

6.3.1 旗舰店模式

旗舰店模式大多建设在银行的总行或分行总部大楼，之所以称为旗舰，似乎在向业者及客户昭示银行的未来要发生的转变和新的品牌形象的树立。旗舰店通常地理位置优越、业务功能齐全，根据旗舰网点的功能主要分为两种。

第一种，新概念旗舰店：这类旗舰店作为银行对未来经营模式尝试的试验中心，其形象展示功能要更强一些，旨在向客户展示银行追求卓越的决心与能力，并促进银行品牌文化的传播，引进与试验一些新产品和新科技。

第二种，全功能旗舰店：像传统的物理网点一样，这类网点建成后，在区域范围内针对所有类型客户提供全方位的销售和服务。这类网点会配置专业的咨询顾问为客户提供某些定制的服务，比如私人银行、财富管理、抵押贷款及公司业务的专业服务等。在大的品牌下，旗舰店中的每一个分区模块，都有其独立的品牌设计和经营格局模式。

图 6-2　全功能旗舰店的分区模块

6.3.2 社区银行模式

境内外银行对社区银行经营模式的探讨和尝试由来已久，在美国对社区银行模式经营品牌比较知名的是安快银行（Umpqua Bank），其十分强调品牌与社区居民客户体验。从 2007 年到现在，一直在创新各种社区银行的新概念体验“店”（安快银行称这些概念网点为“店”），例如，以咖啡休闲为主题的咖啡银行网点，以音乐赏析、时尚潮服为主题的社区金融店，以健康环保为主题、以科技体验为主题的网点等，各种主题概念的社区网点紧紧结合当地的人文特色和时代潮流，贴近社区居民，经营得有声有色，成为业界学习模仿的对象。

另一类社区银行模式，是以富国银行为代表的迷你网点(Mini-Branch)，这种类型的网点占地面积往往只有现行网点的三分之一，提供无人电子化自助交易与服务咨询专员相结合的模式，未来这种完全以销售为导向的网点将成为银行网点的主要组成部分。这些网点都实现高度自动化，员工数量较现在大为缩减，但员工的能力和综合素质较现在大幅提升。

6.3.3 智慧科技网点／科技体验店模式

新技术与互联网对银行业的影响，科技化、电子化、数据化是未来银行渠道网点发展的必然趋势，境内外银行利用新技术在智慧科技网点模式建设上不遗余力，远程视频技术、移动技术、触摸屏全息互动技术、语音识别技术、人脸识别技术、指纹识别技术等，在新一代网点设计上大胆尝试和创新。从美国安快银行、法国 BNP 银行在对其未来智慧银行的情景呈现上我们可以看到：

客户通过手机，可以快速找到最近的网点，的士司机将客户带到网点门口，客户通过手机进行打车费用支付。抵达网点门口后，网点的摄像头迅速捕捉到客户的到来，通过人脸识别技术快速识别客户身份，如果是 VIP 客户，系统自动通知客户的专属客户经理，电脑系统自动显示客户目前处在网点的哪个位置。系统同时通知客户需要等待的时间。

当客户走近 ATM 机，选择希望办理的业务，如查询业务，ATM 机上的摄像头自动抓取客户人脸并进行识别，ATM 机屏幕很快显示客户个人的账户资料信息，实现无卡查询甚至无卡交易。当客户经理出来迎接客户时，客户将个人需求告知客户经理，通过手机将个人需求（消费需求或产品需求）传送至客户经理的 iPad，或者网点大型电子触摸桌上，客户经理直接现场帮助客户进行理财咨询分析和建议，最终与客户达成协议完成交易。

除此之外，客户在厅堂等候时，还可以通过网点内大型电子广告墙/大幅触摸屏幕的广告推送浏览产品，遇到感兴趣的产品时，电子屏幕会给出路径指引，引导客户走到相应的咨询柜台进行咨询。银行通过人脸识别技术等数据的采集，在后台进行分析处理，根据数据提供的分析结果更精准地向目标客户推送服务和产品。

科技解放生产力，这些客户体验情境描述了未来银行网点的各种服务流程与人机交互的场景，是智慧科技网点或科技体验店的核心，客户不仅能在网点内外获得更便捷、更高效率的银行服务，还因为新技术而享有最佳的客户体验。

6.3.4 新概念银行建设的趋势特征

新概念银行建设的模式虽然五花八门，但从境内外银行发展渠道网点规划设计与建设最佳实践经验案例来看，可以归结出新概念银行建设的共同趋势。

图 6-4　未来银行网点建设趋势特征

1. 客户：未来银行网点建设必须以客户为中心。

2. 品牌：重视品牌策划与设计。

3. 效能：更小更简易。从投入产出比考虑，新一代网点强调效能，更小更简易是未来网点的发展趋势。例如在规划设计方面更讲究成本节约和环保。新一代网点建设投入更重视高效率低成本，目的解放生产力，提升网点效能和盈利能力。

4. 体验：新一代网点更重视客户体验，强调提供最佳客户体验的综合服务。

5. 智慧：引入新技术，通过新技术与数据化提高服务体验与精准营销。

案例 18　新概念银行建设的误区和痛点

当前，随着金融业的竞争日趋激烈，许多传统金融机构很早就意识到革新的必要性，包括工、农、中、建、交等各大银行也开始摇着“以客户为中心”“敢于创新”等旗帜，大刀阔斧地尝试转型，欲“提高核心服务水平”。但据中国质量协会、全国用户委员会公布的“我国银行业客户满意度测评”提供的数据，过半银行营业厅的服务质量未如理想。“银行手续费不合理”“理财产品风险欠告知”等依然是多数客户眼中银行服务的短板。

虽然不少银行已重金投入发展服务数字化和网点智能化，银行客户的整体满意度和忠诚度却只有极小幅提升。将近四分之一的客户更表示会将一半以上的闲置资金转移至互联网金融，而且此比率仍呈不断上升之势。似乎大众对于银行最近的变革动作，反应略显冷淡。这正是因为银行业创新目前还流于口号化，更往往容易走入几种普遍的误区。

新概念银行建设的四大误区

误区一：以为堆砌高科技就是创新。

最近，建设银行本着“创新科技有机结合”的理念，在多个城市建立“智慧银行”网点。智慧银行的网点整合了智能叫号预处理、远程银行VTM、电子银行服务区、智能互动桌面、人脸识别等近20项应用。同样，平安银行也在2014年年初以深圳的智能旗舰店为网点转型拉开序幕。网点的创新定位为“高精尖”，融合了多种高科技元素，如4块100寸的激光投影无缝拼接的电子大屏、半人工半自助的综合柜员机、呈现金融资讯的智能理财规划桌等。

似乎，在这两家银行的概念中，高科技就等于好的客户体验。不过，客户来网点是为了操作复杂的新软件和欣赏高科技设备吗？更何况很多这些设备有的功能，如转账、办信用卡、查询理财产品信息等，都是网上或手机上就可以处理的，客户根本不会特地为了办这些业务跑到网点来学习如何用一个新的软件或设备。

近年来，中国的零售银行业对这种智能网点趋之若鹜，很多银行斥巨资做了看似未来感十足的装修工程，虽然充斥着电子平板界面，却欠缺人性化交流的温暖感。客户来到网点最迫切需要的就是和人交流并且使问题得到解决，而高科技的堆砌绝对不代表好的用户体验。类似在全功能网点放置VTM远程柜员机这样的以虚拟柜员来服务客户的举措，是否真的已想清楚策略？VTM设备的设计初衷是让银行可以在全功能网点无法覆盖的区域为客户服务，而不是在市中心的旗舰网点取代高质量的真人服务。

再者，像平安银行的综合型柜台设计，虽然理论上可以整合高柜、低柜及先进自助设备的功能，让一个柜员同时服务多名客户，减少人手，却没有考虑到客户的隐私问题。如果交易内容较复杂，需要沟通个人理财隐私类内容呢？客户会不会真的想在一个全开放的空间中咨询柜员，让旁边的客户也清楚听见？这种完全开放的设计，可能看起来很先进，其实未必是中国客户想要的。

业界误以为未来银行就是高科技银行。诚然，高科技可以带来便捷高效，而这些也的确是线上平台的优势。但是，银行要做的不是跟线上平台竞争，而是通过人性化的线下网点处理电子渠道无法处理的金融咨询业务，向以客户为中心的体验、交流、咨询、销售服务中心转型，设计建立可靠可信的品牌形象，推动线上品牌的互动参与。就算是在网点内用高科技，也要想清楚如何使用得宜，真正为客户体验增值。

误区二：以为客户喜欢“泡网点”。

在银行堆砌高科技设备的背后，其实有一个潜藏的假设，就是客户有大量时间在网点、App或者网站中“享用”着不同的炫目设计。Continuum在为美国富达投资集团（Fidelity Investment）做网银体验设计调研时发现，如非必要，理财产品的客户都不想去管他们的资产配置和管理。这次调研的对象亦包括在e-Trade、Schwab 和其他各种专业投资渠道里的客户。

说到底，没有人想在银行里打转。银行必须了解这一点，千万别误以为客户想要“体验”网点，然后设计多种娱乐客户的功能来打发他们的时间。银行必须理解客户进网点办事的动机，分析进网点的行为模式，然后以合理的设计来服务不同的客户需求。

以广发银行的贵宾理财中心为例，其设计酷似高端私人会所，每间理财洽谈室分为两部分，一部分是洽谈室，一部分是私人司机休息室。另外还有红酒雪茄品鉴区和私人电影院。内部设计极其讲究，奢华却不失高雅，算是私人银行里经典设计作品，但此种高端场所是门可罗雀。

据了解，很多银行都有类似这样的会所型贵宾理财中心，遍布所有重点城市，但真正的目标客户极少光临。事实上，商务谈判往往需要客户经理前往客户所在地完成。高净值的贵宾客户不会有时间专程来到银行会所，更遑论在此品雪茄，看电影。

误区三：以为只有柜台能服务客户。

目前，在中国银行里最常看到的就是一字排开的柜台群。无论客户有什么个别服务需求，一样要先取号排队。这种类似流水线的服务形式酷似政府机关的办事风格，传递着“以机关为中心”，而非“以客户为中心”的信息。其实客户和银行的交互可以细分为多种，每种模式都有它特殊的需求和最佳的表现方式。

简单来说，许多银行服务上的通病，都是源于传统的“以银行为中心”思维。它们都是本着“我认为客户会喜欢”和“这会方便银行”的主观信念来创新，而不是“客户说他会喜欢”和“这会方便客户”。在此思维导向下，客户的普遍体验痛点不可能得到真正解决。

误区四：银行往往低估客户的素质。

过去十几年来，中国银行的经营模式普遍偏重于国际业务和对公结算业务，因此衍生出很多某程度上被忽视的“不积极”零售银行客户。如今，为了重新招揽这些客户，银行亦开始重视零售营销策略。可惜的是，许多策略往往杂乱无章，缺乏长远策略性规划，甚至对品牌形象产生负面影响。

有些银行网点会用类似鲜花店和小吃店常用的荧光黑板来做推销，不单尺寸和色彩不规范，摆放位置不合理，黑板上的信息内容也毫无条理可言。也有些网点，会在本来就照明不足的理财洽谈室里，放置一个硕大的荧光黑板在桌上反复闪烁。有网点员工表示，银行认为这样的黑板能营造“营销氛围”，是他们营销培训的一部分，是客户喜欢的。仔细驻足网点观察，却发现客户极少从这类荧光板上获取信息，反而是敬而远之。

更有大银行将网上银行和手机银行当作增值服务“打包赠送”，作为开户红利。殊不知，这些缺乏用户思维的银行早已因为无法提高服务质量，把客户的存储资产拱手送给了以客户体验为强项的互联网公司。

如何了解客户体验痛点

要走出误区，更好地为客户服务，就要了解客户的痛点。Continuum根据对11个国家和地区超过100多人深入调研的分析结果，发现一系列客户的迫切需求，对金融服务行业未来的创新策略非常重要。

银行客户的普遍体验痛点包括以下五个方面。

1. 流程化服务的机械感：银行网点从办理流程、厅堂管理、人员服务到视觉风格都充斥着流程化的机械感。客户在进入银行后，只有在与银行工作人员的面对面交流中，才能感觉到银行服务的存在。这不仅减少了银行营销产品的机会，还阻碍了银行与客户之间的情感交流。

2. 信息不对称：客户与银行之间存在着信息的不对称性。客户进入银行前需要花时间精力做准备工作，否则很容易因为缺少材料无法完成交易，这就在很大程度上提高了客户与银行之间的交互门槛。

3. 服务系统设计累赘：银行服务线上线下的服务触点在产品信息架构、内容、沟通界面、个人信息采集和身份认证等方面的设计常有重复和累赘。比如对公业务与个人业务的分流，虽然方便银行后台功能分流操作，却让很多客户需要排两次队。而且，往往跟门口的导向人员说过一遍要做什么后，到了柜台后要再复述一遍，包括后续如果需要线上或电话客服跟进的时候，又是要重复一遍身份核实和描述问题的程序。降低效率，又造成了银行服务的断点和不连续性。

4. 用户被“非人化”： 现有客户大多认为去银行是“办事”，而不是“享受服务”。这在很大程度上是银行的流程化和机械化所导致。被叫号、被专注看屏幕的柜员无视、被硬性推销等，都让客户感到自己只是一笔交易或数字。另外，产品的营销缺少生活情境相关性，毫无亲和力，显得千篇一律，无法让客户有兴趣了解。

5. 难以理解产品：银行提供的很多产品服务是虚拟的、抽象的，客户理解和接受起来比较困难，无法产生共鸣，并且他们忙于应付各种表格和回单，在办理业务结束之后，获得的也是一堆难以理解的回单，缺乏事情做好的成就感。

6.4 思考：如何打造适合自己的新概念银行

如何打造适合自己的新概念银行？相信这是本书的所有读者都最为关心的话题。事实上，在中国已经有很多银行开始先行先试，积极从海外学习借鉴先进模式和经验，建设自己的新概念银行。近年来，新概念网点在全国各地如雨后春笋般涌现，就是银行在新趋势下做出的尝试。

6.4.1 对新概念银行建设的认识误区

在新概念网点建设尝试中，中国的银行存在一些认识上的误区。有两种极端的认识，一种是激进的，看到国外新概念出现，觉得这个概念好，头脑一热马上引进；或者上级有建设智慧银行的任务了，出去外边看看，看起来还不错，回来照搬。于是，花巨资、高成本、不计投入产出比地打造。这样的拍脑袋工程，建成的结果是，使用性并不高，服务营销模式跟从前都有所不同，行员甚至不知道该如何使用。如此投巨资建设的“高大上”的网点也难以复制，因此遭到业界的质疑。

另一种极端的认识是偏保守的，认为先进的概念、技术在国内网点不适用，不符合国情，目前客户对这些新概念、新技术接受程度有限，打造出来的新型网点担心效能低；或者造而不使用，仍然在用老的一套方式做，认为新型的网点不过就是一个漂亮的空壳装饰摆在那里，或者是一堆先进的设备堆砌而成。

任何新事物从产生到被认识、接受都有一个过程，新概念银行的建设与普及也不例外。认识误区的产生大多产生于“知其然”，但“不知其所以然”。从本书所列举的大量案例来看，国外的先进银行每一个新概念网点产生的背后，都是一套从战略到试验建模、再到试运营，不断修正，成功后推广，再形成新的标准这样的一个严谨的流程，把新一代网点像研发新产品一样的执行过程，并非简单的酷炫的设备堆砌。

以本书前面分享过的 BBVA 银行为例，为了实现未来银行发展战略，打造一个新型的、能够代表未来发展的新经营模式、最佳客户体验的网点，BBVA 银行把新概念网点作为一个产品进行研发，在它的创新中心经过员工的反复讨论和头脑风暴，把客户请进队伍中参与讨论，形成网点模型和网点内每一个设备部件的模型，在创新中心打造出来后，接下来就邀请客户作为体验员、评判员，对原型进行打分并且提问题、提建议，经过修改，最终成型再推向市场。这中间当然少不了对网点定位设点的考虑，少不了对投入产出比的考虑。一切都是基于他们做这样一种新型网点的背后是为了什么。经过严谨的研发流程的新型网点，会考虑未来批量生产的投入产出，它们有着良好的成本控制，环保节能，在网点建设硬件上就已经开始考虑效能的问题。

6.5 适用于中国银行业的新概念银行建设的基本流程

最后，我们综合国内外的案例与经验，总结出了适用于中国银行业的新概念银行建设的基本流程：

表 6-1　新概念银行建设的八个阶段

分析银行零售发展设计战略	未来网点理念与功能定位	建模设计	完善理念	试点网点设计与规划	实验网点	零售设计标准	持续运营
第一阶段	第二阶段	第三阶段	第四阶段	第五阶段	第六阶段	第七阶段	第八阶段

具体来说，新概念银行建设基本流程是：由银行的新的零售发展战略方向产生新的商业模式，新商业模式的转变，产生对未来网点的新理念、新功能定位（与未来网点整体战略布局相关），也意味着银行的零售品牌的重新定义，将品牌赋予新的零售概念内涵，便可以开始网点原型的建立——建模、实验，经过实验修改，建立新的零售网点的标准，新标准建立到持续运营，建立完整的运营管理体系。

从技术上看，这个流程很简单，但从实施层面来看并不容易。然而，也因为境外先进银行正是严格遵循从战略到原型、实验，再到标准，持续运营完整的流程，做到“知其所以然”，而不是盲目迎合潮流，为建而建，避免了新网点建成后产生的各种困惑，因此成功的案例不胜枚举。

因此，对于打造新概念银行的正确理解应为：

第一，新概念银行的建设应从战略出发，以客户为中心，以投入产出比来进行规划。在多渠道并存的情况下，新概念银行的建设更应该考虑其新的功能定位，在新功能下更讲究成本控制、环保节能，发挥网点最佳效能，杜绝拍脑袋工程。

第二，新概念、新技术网点看的是未来 3 ~ 5 年。未来的发展是一个渐进的过程，不可能马上见效，不能因为眼前不能立刻见效就拒绝新概念、新技术，改变不是等到大家都认识的那一天，而是在当下，毕竟机会总是留给有所准备的人，因此，不用对新概念、新技术太过保守、消极，要积极拥抱新技术、新未来。

第三，知其然，知其所以然。学习国外先进概念、技术，不简单照搬，而是学习“所以然”，把新概念银行的建设作为一个综合的产品进行研发，基于战略基础进行严格建模、试验、评估，然后推广，建配套体系，最后建立新的标准。

6.5.1 新概念银行运营管理体系的转变

我们已经看到互联网、新技术对未来银行网点的经营产生的影响有多大，甚至改变网点现有的经营模式，新技术下的网点要运转起来，将面对品牌体验、网点布局优化、网点的多元化、多渠道整合、个人化及细分以及持续创新的六大挑战。

新概念、新技术带来网点渠道功能的转变，现在的网点是服务客户的场所、销售的阵地，也是维系客户关系重要的场所，但是未来的网点，将成为品牌形象宣传重要阵地，客户体验中心，之后才是客户关系经营的重要场所和服务营销的地方。

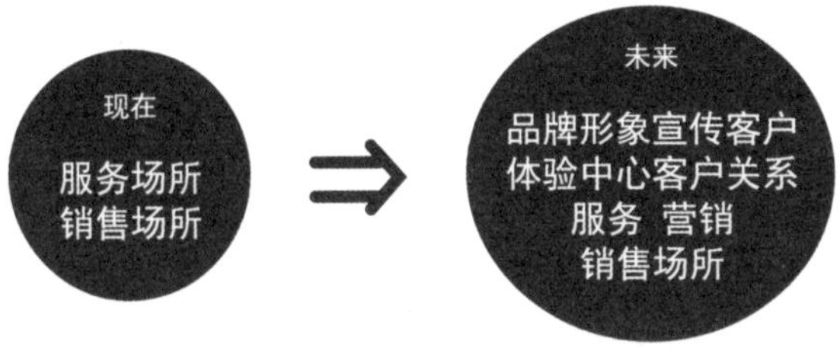

图 6-5 新概念、新技术带来网点渠道功能的转变

由于网点功能的转变，对银行人才的能力提出新的需求。新经营模式下需要的银行人才更强调规划、策划能力，尤其是品牌、营销与客户体验的策划；同时由于社区银行的蓬勃发展，未来网点需要的不再是柜员或简单的销售产品的人员，而是具有沟通技巧能力、公关能力、客户洞察能力的人才。在境外，已经有银行出现一些新的岗位及称谓，例如：

社区客户关系经理（Community Relationship Manager）；

客户体验研究经理、客户体验师（Customer experience Research/

Manager）；

市场企划经理，具体可以分为多种细分岗位：品牌项目经理、规划与企划经理、产品推广与体验经理等；

专家顾问：这里所指的专家顾问并非像传统网点里的理财顾问，而是真正有过专业经验的顾问。举例来说，富国银行中，用于服务中小企业主的客户经理被称为专家顾问，这些专家顾问是一些自己创业过、做过企业主的专家，他们就非常了解中小企业主在创业不同时期对资金和资金管理的需求，这样可以通过为中小企业主提供真正专业的咨询服务来达到目的。

新概念、新技术的引入，必将给银行带来新的运营管理体系的变化。综合本书的分析和探讨，我们可以发现，未来运营管理体系的变化会表现在：以客户为导向的经营理念，决定配套的运营管理而非以产品为导向；建立更高效的流程银行组织结构，规划—企划—营销管理—售后—风控，运营集中化管理围绕新的经营模式、新人才资源，绩效考核管理体系重新设计 IT 技术对品牌、效率、成本节约支撑的作用发挥更大。

这也就是说，“新概念银行”的背后是一个系统工程，没有新运营（架构、人才、制度等）、流程的规划设计，概念仍然是概念；利用IT技术、创新应用，新一代网点方能腾飞。

鸣谢

Acknowledgement

ATM 行业协会在此特别感谢以下资深行业专家给予的支持和见解：

◎ 彼得·蒂尔顿（Peter Tilton）
ATM 负责人，分析和国际银行部
澳新银行，澳大利亚

◎ 詹姆斯·丘克姆（James Trocme）
ATM 渠道管理高级副总裁，全球零售银行部
花旗集团，美国

◎ 拉贾·波斯（Raja Bose）
网点转型及咨询服务团队副总裁
迪堡公司，美国

◎ 大卫·舒尔曼（David L Schurman）
执行副总裁、首席运营官
第一安大略信用合作社，加拿大

◎ 萨缪尔·李（Samuel Lee）
市场部产品经理
广州广电运通金融电子股份有限公司，中国

◎ 大卫·霍顿（David Horton）
首席转型官
马士礼格银行，迪拜

◎ 马丁·夏尔斯（Martin Shires）
全球网点转型营销经理
国家收银机公司，英国

◎ 米歇尔·范·施塔登（Michelle van Staden）
莱利银行综合渠道执行官
莱利银行，南非共和国

◎ 特丽安·斯科勒（Terri-Ann Scorer）
经营业绩部、战略发展部、零售银行部负责人
西太平洋银行，新西兰

◎ 乔迪·佩雷斯（Jordi Perez）
网点转型部负责人
德利多富有限公司，德国